KIDDING OURSELVES

THE HIDDEN POWER OF SELF-DECEPTION

唯有相信才有可能

〔美〕乔瑟夫·哈利南◎著　赵晓◎译

中国友谊出版公司

图书在版编目（CIP）数据

唯有相信，才有可能 /（美）乔瑟夫·哈利南著；赵晓译. -- 北京：中国友谊出版公司，2017.2

书名原文：Kidding Ourselves：The Hidden Power of Self-Deception

ISBN 978-7-5057-3964-2

Ⅰ.①唯… Ⅱ.①乔… ②赵… Ⅲ.①行为主义－心理学－通俗读物 Ⅳ.①B84-063

中国版本图书馆CIP数据核字（2017）第014168号

著作权合同登记号：01-2017-1098

书名　唯有相信，才有可能
作者　（美）乔瑟夫·哈利南　著　赵晓　译
出版　中国友谊出版公司
发行　中国友谊出版公司
经销　北京时代华语图书股份有限公司　010-83670231
印刷　三河市宏图印务有限公司
规格　880×1230 毫米　32 开
　　　8.5 印张　141 千字
版次　2017 年 4 月第 1 版
印次　2017 年 4 月第 1 次印刷
书号　ISBN 978-7-5057-3964-2
定价　38.00 元
地址　北京市朝阳区西坝河南里 17-1 号楼
邮编　100028
电话　（010）64668676

引言

请你想象自己穿上了一件白大褂，别人告诉你，这是医生工作时穿的。请你再想象自己穿上了同样的白大褂，别人却告诉你，这是油漆匠工作时穿的。对你而言，二者有何不同？

如果你说“没有不同”，那在自我欺骗这件事上，你肯定是个高手。这是一个实验，参与者被要求穿上白大褂，接下来发生的事让人惊讶。参与者在得知自己穿的白大褂属于医生时，注意力迅速集中起来，但在他们得知这件白大褂属于油漆匠时，这种效果便不知所踪了。他们对白大褂的看法，是这种效果的源头。

这种心理活动的力量，以及我们观察一切事物，包括自我观察时，无意识的感知变动，便是本书要描绘的主要内容。就像两百年前，爱尔兰哲学家乔治·伯克利所说的那样，我们跟物质世界关联的方式只有一种，那就是感官。人的感官非常灵敏，比如鼻子可以分辨一万种气味。可是要误导感官，却是一件非常简单的事。你不小心踩了朋友的脚，朋友会觉得很疼，可朋友若认为你是有意的，会觉得更疼，这一点已被研究证实。两种感觉很不一样，但肉体所受的伤害明明是一样的。

这些情况都出现在心灵的后院，那里很少被看到，也很少被承认。我们做的很多事情，原因连我们自己都说不清楚。研究表明，天气晴朗的日子，我们给女侍者的小费更多，老板进门时，我们会露出笑容；且我们更倾向于在 Facebook 等社交网站上，跟随别人点赞。我们之所以这样，是因为被卡尔·荣格[①]所谓“无意间留意到的事情”影响，而不是因为想要模仿别人、拍老板马屁，或假装自己很有钱。

人类很多行为背后的原因，都让人十分费解，就是因为大家总是忽略上述潜意识的影响。我们会在无法找出真正的原因时，试着对自己为什么会做一些事，为什么会看到一些东西，做出合理的解释，但很多时候仅仅是把话编圆了而已。总之，我们会为自己编故事，透过这个滤镜，观察我们的人生经历。如此一来，真相可能会遭到扭曲，可若是缺少了这种扭曲，却是绝对不行的。

---

① 卡尔·古斯塔夫·荣格（1875—1961），瑞士著名心理学家、精神病学家。——译者注

我之前写的那本书《我们为什么会犯错误》，是刺激我对该问题产生兴趣的原因之一。写作期间，我多次发现，人类天生的幻觉是很多错误的源头。比如大部分人私底下都认为，对离婚、癌症、心脏病等生活中的很多风险，自己都是免疫的。“这些事只会降临到别人头上”，我们这样告诉自己。我们因此犯错，得到了自己竭尽所能想要逃避的结果。医生没能做到经常洗手，因为他们相信自己对自己治疗的疾病免疫，最终却因在评估自己的免疫力时自我欺骗，造成了感染蔓延、住院时间增加、病人病情加重的后果。

我对这种行为做了充足的研究，有一点让我感到困惑，为什么这种行为一直存在？为什么直到现在，我们还是无法摆脱这种不利幻觉的影响？为什么基因库没有及早淘汰这种自我欺骗的倾向？

为解答这些问题，我做了一次历时三年的旅行，最后的成果就是你们现在拿在手里的这本书。在这次旅行中，我到了很多奇怪的地方，看到了很多奇怪的人，包括赌场、股票交易大厅、妓院（你想象不到这些地方有多常见）；巫毒死亡[①]、驱邪仪式；本杰明·富兰克林、阿尔弗雷德·希区柯克，乃至玛丽莲·梦露的卧室。

旅行期间，我多次发现自我欺骗的强大力量，以及人类有多擅长自我欺骗，其中后者更加重要。在生活的很多方面，都能看到人们在进行自我欺骗，而且一点破绽都没有。这几乎已经成了一种固有的人类特性，一种内置的减震器，人们因此能通过改变自己的看法，而非改变自己，去适应生活中的压力与危机。事实上，自我欺骗好像是种普遍特性，除了人，动物也会进行自我欺骗。连老鼠这种卑微的动物，其狡诈的天性中都展现出了自我欺骗的倾向，委实令人惊讶。

人类自我欺骗的方式与结果多种多样。做完手术后，我们躺在病床上，看着输液瓶中的止痛药慢慢滴下来，却从来没有意识到，只是看到止痛药滴下来，就能起到止痛的效果。星期六晚上，我们精心装扮一番，出去玩耍，却从来没有意识到，自己在系统地进行自我欺骗——自己有

---

① 巫毒死亡（Voodoo death），是1942年由沃尔特·坎农创造的一个术语，也称心因性死亡（psychogenic death）或心身死亡（psychomatic death）。它是指由强烈的情绪冲击而带来的猝死现象。这种异常的与心理相关的死亡通常与人们对外界的恐惧反应有关，在土著社会、战俘营等地出现，但不限于特定文化背景。

很强的性吸引力。或者更普遍的是，我们坚信跟其他人相比，自己更加出色，为得到完美的笑容、崭新的 iPad，甚至月球旅行等各种东西，付出的代价更少。

自我欺骗如此有效，简直能跟强效麻醉剂、降胆固醇药，以及一些在世界范围内最普遍的外科手术等现代医学科技相比。不过，其效果却未必是好的。自我欺骗在一些特殊情况下，或许会伤及人的身体，更有甚者，会导致人的死亡，只是概率很低而已。

几千年来自我欺骗一直被当成一种错误。德摩斯梯尼[①]等智者一早便告诫大家，自我欺骗会带来危险，因为对现实的否定也许会引发灾难——这是一个很好的理由。

不过近些年，大家对自我欺骗的了解更深了。各领域的研究都表明，孩子们一出生就有这种能力，并能发挥积极作用。在各自的发展过程中，很多科学领域都认为，自我欺骗也许是人类进化的结果，因为这项能力，人们就算在逆境中，也可以说特别是在逆境中，也能适应过来，坚持到底。自我欺骗就好比我们心灵的保护层，赐予了我们希望、信心、控制感等缺一不可的无形特性。正因为这样，我们才能坚持下去，不断创造，并取得成功。

---

① 德摩斯梯尼（前 384—前 322），古希腊雄辩家、政治家。——译者注

很多研究人员鉴于这些特性的重要性，不再将自我欺骗当成一种错误，转而将其当成一种进化的结果，能帮助人们适应环境的不断变化。是的，有幻觉的地方，往往也会有幸福。很多研究表明，跟没有坚持治疗的病人相比，坚持治疗的病人会康复得更好，哪怕治疗是假的也是一样。还有研究表明，乐观之人在估计工作需要的时间时，往往会低估，可是跟那些更加“现实”的同事相比，他们工作起来却更有效率。

也就是我们的期望比我们的行动发挥了更大作用。期望有着强大的力量。在近期一项调查中，美国有一半医生表示，自己会定期为病人提供虚假的治疗，只因大家坚信这种治疗能发挥作用，而不是它们真的能发挥作用。然而，实际上，它们总能发挥作用。穿上医生的白大褂后，看，我们的行为开始向医生靠拢了，或我们的期望向医生靠拢了。看到药物注射到我们体内，看，我们的疼痛感消退了，类似状况再度发生了。接过别人所谓的“幸运”高尔夫球，看，我们的推杆技术提高了，而这点你肯定已经猜到了。

一般说来，真的东西不一定比假的东西效果好太多，这是人类心理学一个肮脏且微小的秘密。假针灸、假手术、假药，都显示出令人惊讶的效果。有时候，幸运的高尔夫球都能发挥作用。不过，这种力量的源头是我们本人，而非高尔夫球、药物、手术刀。

这应该就是这本书的主题吧。我们都希望自己人生的弹球方向能控制在自己手中。谁知道呢，也许我们之中的一些人的确能做到这一点，而除此之外的人就需要进行少许的自我欺骗。我们相信的东西可能只是幻觉，不过其引发的结果却可以是绝对真实的，大家不必为此感到担忧。我们只需相信自己会一帆风顺即可，这点很重要，至于会不会真的一帆风顺，却是次要的。自我欺骗潜藏的力量就是如此。

KIDDING OURSELVES: THE HIDDEN POWER OF SELF-DECEPTION

目 录

第一部分 虚无的力量：安慰剂、集体歇斯底里、致命幻觉

第三部分　成功的幻觉：权力、金钱、风险

KIDDING OURSELVES:

THE HIDDEN POWER OF SELF-DECEPTION

第一部分

虚无的力量：安慰剂、集体歇斯底里、致命幻觉

KIDDING OURSELVES:

THE HIDDEN POWER OF SELF-DECEPTION

第一章

想象的药物

这些事实……为想象和意念会作用于疾病，提供了明确的证据。

——本杰明·拉什医生

1778年，有位肥胖且带着浓重口音的德国人来到巴黎，同时带来了自己的观点与计划。在他看来，世间一切生物体内都存在一种流动且无形的力量，即所谓的“动物磁性”。动物磁性能借助电和磁力影响健康，一如月球对潮汐的影响。不过，接下来要谈到的这个实验与月球无关，在实验中掌控上述流体的是一个男人，名叫安东·麦斯默。

根据麦斯默的计划，巴黎市民为了亲自体验动物磁性的力量，需要付出一笔钱。之后，人们发现这可不是一笔小数目。一开始，麦斯默提供磁性治疗的场地，选在旺多姆广场一座奢华的公寓中。不久，他又转战到华美的夸尼酒店。磁性治疗的对象，逐渐演变为仅限于巴黎的大人物。麦斯默的名气与日俱增，以至于不能再为客人提供单独的磁性治疗，便改为集体治疗。他备好一只橡木桶，桶高1英尺，周围能环绕30个人，桶上盖着盖子，里面铺着玻璃砂、铁粉，将几瓶“磁化”的水对称摆放在上边。桶盖上面有洞，从内部伸出能让病人握住的铁把手。在暗淡的灯光下和时而播放的抒情音乐中，大家握着把手在木桶周围坐下，一言不发。通常情况下，大家的手都会被特别的绳子绑到一起，拉住彼此的手，一条“沟通绳”就这样诞生了。

随后，身穿紫色绸衣、拿着铁制长手杖的麦斯默来到病人中间，一边走动，一边触碰他们病痛的部位。很快便有病人倒在地上，身体痉挛。“沟通绳”各部分随即紧绷起来，痉挛开始在房内四处蔓延，好像涨潮一样。根据目击者的说法，通常还会有癫狂眼神、尖叫、眼泪、打嗝、夸张大笑，与痉挛同时出现。某些情况下，病人还会咳血。到了最后，这种集体性痉挛会变得“筋疲力尽，好像陷入梦境……更有甚者，有时还会昏昏欲睡”。该过程可维持长达几个小时，若病人承受不住，马上会被送到休息室，那里到处都是柔软的垫子。

在很短的时间内，麦斯默的小型会议便传播开来，他成了城中的焦点。“因为这一奇迹，凡尔赛终日热闹非凡。”有位伯爵夫人在信里这样写道。

麦斯默的影响越来越大，路易十六[1]也留意到了他，并组建了委员会，对他的“奇迹”展开调查。委员会囊括了天文学家让·西尔万·巴伊、为氧命名的拉瓦锡等多位当时最出色的科学家，主席由本杰明·富兰克林担当，在巴黎，再没有人比他更有名的了。作为美国首位外交使臣，富兰克林来到法国后，成了一位了不起的明星。法国人对他的电学实验评价颇高，相关工作者还以“富兰克林派”

① 路易十六（1754—1793），当时的法国国王。——译者注

自居。[1]

这时候，富兰克林已经超过 75 岁，身体每况愈下，痛风导致他行动不便，肾结石也让他受尽折磨。为此，委员会其他成员决定改在帕西进行部分实验，此处位于巴黎郊区，建有庞大的花园，富兰克林就住在这里。

1784 年的春天和夏天，富兰克林的花园里发生了一些事，直到现在还被视为当代医学最伟大的事。富兰克林和其他委员只用了几个星期，就把麦斯默所谓的科学治疗方法系统地推翻了。他们在此期间塑造了一样东西，得到了一位科学史学家的赞美："恒久证明了理智的力量和美。"

① 之后还出现了一个委员会，领导者是声名狼藉的吉约丹医生，由于该委员会的报告实在太拖沓，因此我们不会再谈及。——原注

新科学的种子

富兰克林选择了查尔斯·德世朗医生作为调查的对象，因为麦斯默拒绝接受委员会的调查。德世朗是麦斯默最虔诚的信徒之一，作为一名医生，他有着很高的声望，还是国王兄弟的御用医生，绝非寻常人所能比拟。他跟富兰克林的合作却很快乐。委员们在一次实验中，让德世朗把富兰克林花园中一株杏树“磁化”，但不要把其余四株杏树“磁化”。随后，委员们带着一个蒙着双眼的青年来到没有磁化的杏树前，让他抱住树。由于树并未磁化，因此从理论方面说，青年不会感觉到任何差异，但实情却并非如此。青年在抱住没有磁化的第一株树时开始咳嗽，还表示自己头很痛。这些症状在他抱不同的树时不断加重，最终在抱第四株时晕了过去。

委员们在另外一个实验中，邀请一名女子到门边坐下，跟她说，在门的那一边，德世朗正在为她做磁性治疗。其实，门的那一边根本没人，可她的反应却宛如正在接受磁性治疗。她牙齿打架，呼吸急促，还进入了如下状态，委员们称其为“巨大的灾祸”：

她身体前倾，双臂放到背后，使劲扭动，整个身体都在晃动。牙齿打架，发出很大的响声，就算在房子外面都能听到。她咬自己的手，咬得那么厉害，留下了清晰的牙印。

更有甚者，委员们想了解是不是换上德世朗的服装，假扮成他，就能帮人做磁性治疗，实验证明的确如此。

尽管委员们都很清楚，自己看到的不过是一种自我欺骗的表演，但还是忍不住感叹其影响居然强大至此。调查中还有一项工作，即亲临磁性治疗会议现场，参观并深入了解动物磁性是什么概念，治疗过程如何，结果委员们都大吃一惊。

在报告中，天文学家巴伊这样写道："一个人拿着手杖，就能对这么多人施加影响，几乎跟童话一样，这是怎么做到的？"

面对该问题，所有委员都无法做出解答。不过，其中部分人认定，自己遇到的这种力量真实且新鲜。

巴伊表示："尽管动物磁性好像纯属子虚乌有，但人类的模仿与想象这两种能力，还是让我们非常吃惊。研究思想怎样对身体发挥影响的新科学，便以此作为种子。"

只有国王能看到

最终，委员会制作了两份报告，分别交给公众和国王。国王收到的报告中表示，麦斯默的病人以女性为主，所谓“痉挛”只是性高潮而已，麦斯默时常在磁性治疗会议中跟女性相对而坐，用手指寻觅女性身上的“磁极”，多半会在十分接近胸部的地方找到，报告内容非常下流。

不过，这些细枝末节在对外公开的报告中并未谈及。该报告只是判定，麦斯默是在骗人，所谓磁性治疗都是弄虚作假。“磁性治疗在想象力缺失的情况下一无是处。”报告中这样写道，十分简明。

委员会发出了大约两万份报告，引来了巨大的关注。富兰克林很满意，在给孙子的信中写下了这样的话：“人们都觉得这份报告非常不错，可是想象力到底拥有多么强大的力量，却让人们非常好奇……”

大家对麦斯默嘲讽有加。他下定决心，将一切希望都放在一匹马身上，对它进行磁性治疗，为自己的理论提供证据。无奈事情已成定局，难以东山再起，麦斯默最后不得不告别巴黎，到别处过完接下来的日子。1815 年，他在瑞士离开了人世。

德世朗医生并未被他连累。德世朗在富兰克林的报告问世前，就在一篇文章中承认，自己对磁性治疗的原理一无所知，不过，他执意认为，磁性治疗的确能发挥作用，这才是最重要的，至于它为什么能发挥作用，并不那么重要。

德世朗医生问："'假设'借助想象力让大家变得更健康，是麦斯默先生仅有的秘密，那这岂非一件伟大的好事？若疗效最好的是想象治疗法，我们为什么不对其加以利用？"

这个问题很不错，医学领域直到现在还未找到答案。而德世朗要想解决自己的困惑，也是绝对不可能的。富兰克林的报告公开后，他很快猝死，享年不过36岁，而他猝死时正在接受磁性治疗，颇具讽刺意味。

当代麦斯默

德世朗的“想象治疗法”在他去世多年后，依然地位稳固。实际上，现在很多治疗之所以能发挥作用，都是因为我们的想象力，这点只需认真观察便能了解。其源自自我欺骗，效果让人吃惊，跟麦斯默的表演没什么两样。但现在我们借助的并非磁铁或是手杖，而代之以安慰剂这种更加现代的物品。

安慰剂这玩意一点治疗效果都没有，它包含多种类型。比如假阿司匹林，其中并无阿司匹林成分；比如用无法刺透皮肤的针做针灸，更有甚者还有假手术，只在皮肤上划一刀，制造一条伤疤，以留作纪念。这些治疗法都是假的，因此从理论上说完全无法发挥作用。但种种研究结果都与此相反：它们能发挥作用，跟“真实治疗法”相比，它们的效果相差并不大。

以经常遇到的哮喘为例，这种慢性炎症反应会导致肺部气管窄小，病人难以呼吸乃至不能呼吸。全世界被哮喘折磨的人大约有 3 亿，有 2500 万人都是美国人，他们所患的多是重度哮喘，有可能丧命。美国疾病控制预防中心的统计数字显示，仅仅是 2009 年一年，便有 3300 多人死于哮喘，平均每天大约有 9 人丧命。

一般说来，人们都会用支气管扩张剂——沙丁胺醇，治疗哮喘。不过，研究表明，跟吸入安慰剂的感觉相比，哮喘病人吸入沙丁胺醇的感觉并不会好太多。最近有研究表明，吸入沙丁胺醇后，哮喘病症减轻的病人占 50%，而吸入安慰剂后，哮喘病症减轻的病人也达到了 45%，二者的百分比相差无几。沙丁胺醇的效果只在研究人员检测上述病人的肺活量时，才能体现出来：吸入支气管扩张剂的病人，其肺活量增加了 20%；而吸入安慰剂的病人，其肺活量只增加了 7%。

跟哮喘病人类似的情况很常见。对很多诸如抑郁症之类的常见疾病，安慰剂发挥的作用都很明显。美国心理健康研究院的统计数字显示，单是美国每年开出的抗抑郁药处方，便高达 2.54 亿份。抗抑郁药因此成了仅次于降胆固醇药的第二常见药物。但英国赫尔大学[①]有名的心理学家、抗抑郁药最出色的研究者欧文·基尔希认为，抗抑郁药之所以能发挥作用，基本都得益于安慰剂效应。很多年前，基尔希和同事从英国食品药物管理局得到了一份关于 1987 年至 1999 年六种应用最广泛的抗抑郁药跟安慰剂对比的

① 位于英国东部港口城市赫尔市的一所综合性大学。——译者注

临床实验报告，这六种抗抑郁药包括氟苯氧丙胺、氟苯哌苯醚、盐酸舍曲林、西酞普兰、奈法唑酮、文拉法辛。对这六种药物所做的临床实验，共计42次。根据检测抑郁症状时常用的汉密尔顿抑郁量表，基尔希做了一番计算，结果显示真正的抗抑郁药82%的治疗效果，都能借助安慰剂达到。

同样拥有显著安慰剂效应的，还有不涉及药物的治疗方法，比如针灸。针灸不断得到推广，特别是在美国。跟2002年相比，当前尝试过针灸的美国人增加了600万，达到了1400万。随着时间的推移，针灸已被当成一种正规的治疗方法。近来，美国军队开始实施一项计划，即“战场针灸”。针灸为什么这么受欢迎，原因已经很明显了。很多研究表明，针灸能大大减轻很多疼痛，包括头疼、后背疼、关节炎等。不过，研究也表明，假的针灸与真的针灸一样能减轻疼痛。西雅图一批研究人员在早期一篇针灸研究报告中，设计了一种假的针灸工具，即一根好像自动铅笔的牙签，一旦触及皮肤，便会缩回来。随后，他们在实验中对比了这种针灸和真的针灸，后者会刺进皮肤中。为了避免病人看见是什么刺在了自己身上，他们特意选择了后背疼的病人做这个实验，结果牙签与针灸用的针在缓解背部疼痛方面，效果不相上下。

医生的欺骗

既然安慰治疗法能取得这样的效果，那全世界的医生都频频欺骗自己的病人，也就不足为奇了。2008年的调查显示，美国有一半的医生都承认，自己开安慰剂的频率颇高。丹麦2003年的调查显示，在前一年，有86%的家庭医生使用过安慰治疗法，而使用超过10次的，占50%以上。与之相似的结果，在以色列、英国、瑞典、新西兰的调查中也都能看到。

以上例子中的医生对于自己使用了安慰治疗法心知肚明，但他们也有不明白的地方。很多情况下，医生都会使用手术等安慰性很强的治疗方法，而他们自己对此根本没有认知。长久以来，我们都明白对病人而言，手术的安慰效果非同一般，但有一点经常会被医生忽视，那就是这种效果也许不是源自手术，而是病人的思想。

休斯敦有名的外科医生布鲁斯·莫斯利，十多年前就为此做出了清晰的证明。那时候，莫斯利医生在休斯敦退伍军人医院工作，并在休斯敦火箭职业篮球队中担任队医。他时常帮膝关节炎病人做刮掉关节杂质、清理创口的关节镜手术，跟大部分骨科医生没有区别。这种手术十分新颖，深受大家欢迎，单是美国每年做的此类手术就高达65万例。可要证明这种名气很大的手术真能发挥作用，能找到的证据却寥寥无几。

莫斯利及其同事下定决心，把这件事搞清楚，但一定要编造小小的谎言。莫斯利在征得医院许可后，找到180个膝关节患病的病人，将其分成两组，为一组做了真手术，为另一组做了假手术。后者要穿上手术服，并要接受麻醉。更有甚者，莫斯利医生会亲手在他们的膝盖上划一刀，留下小小的疤痕，作为纪念，之后他会帮他们缝合伤口，但仅此而已，病人的膝盖根本没接受任何治疗。最后，他会让他们回去。

不久，此次实验的结果在《新英格兰医学杂志》上发表了，为思想拥有何种让人吃惊的力量提供了证据。莫斯利及其同事发现，真手术能产生何种效果，假手术就能产生何种效果。两组病人在两年之后依旧没有显著的区别。在走路、爬楼梯方面，接受真手术的病人表现有多出色，接受假手术的病人表现就有多出色。

接受假手术的病人中有位名为西尔威斯特·柯林根，他是从得克萨斯州的佛蒙特来的二战退伍老兵，已经76岁了。他基本是在手术过后马上感觉自己的膝盖状况变好了，无论行走还是割草，都非常自如。

之后过了很多年，柯林根在《纽约时报》的访问中表示：“在很长一段时间内，我都深受这个膝盖的困扰，但托莫斯利的福，如今它变得跟我另外那个膝盖同样好用了。每回在电视台转播的篮球比赛中看见莫斯利，我都会让太太过来看，说：‘多亏了那个医生，我的膝盖才能康复！’”

信仰有多重要

美国著名的哲学家威廉·詹姆斯做过一项探究人脑怎样塑造自身现实的实验，即“信仰造就现实”，颇为出名。身兼医生与心理学家两种身份，詹姆斯对信仰力量的观察，除了在心理学领域占据关键地位，在哲学领域同样适用。信仰恰好就是安慰剂效应最重要的组成。之前谈到，安慰治疗法本身能发挥作用，病人也相信其能发挥作用，这便是这种治疗法的共通之处。从某种程度上说，我们都认为手术刀、药片、医生的白色工作服，能为我们带来好处。

越是强大的信念越能发挥作用。2009年，美国肺脏协会开始研究安慰剂与哮喘治疗，这方面的研究再没有比这次更宏大、更深入的了。研究结果与我们之前谈到的一样，安慰剂的确能发挥作用。此外，还有一项研究结果表明，安慰剂会因医生提升病人对安慰剂的信心，发挥更大作用。在研究中，“收到对安慰剂效果的赞赏这类积极的信息后”，病人的哮喘控制与症状“普遍好转”。研究者甚至表明，“在哮喘控制中”，安慰剂积极组的好转程度跟“能发挥实效的药物[1]程度相当”。安慰剂本身能发挥作用，且会因病人对这种作用的信心增强而发挥更大作用。

信仰能造就现实，这在纽约麦迪逊大道[2]一早就不是什么秘密了。要在信仰和商品之间建立关联，“品牌”是关键所在，营销主管都很清楚这点。这就是为什么大型企业会为了创建、维护企业品牌，耗费几十亿美金。他们明白，顾客甘愿把钱用来购买自己相信的商品，越是对他们的商品忠心不二的顾客，越是相信商品的效果。你若觉得这种说法太过夸张，可以把本书放下，过去把你的药箱打开，里面很有可能会有一瓶阿司匹林，这便为品牌的力量提供了证明。

有人在很多年前做了一项研究，以800名英国女性作为研究对象，结果表明与没有品牌的阿司匹林相比，有品牌的阿司匹林更能有效缓解头疼。事实上，实验中用到的所谓有品牌的阿司匹林跟没有品牌的阿司匹林同属于安慰剂，没有任何区别。经过计算，研究人员发现，药物真正能发挥的止痛效果占总效果的2/3到3/4，余下的都得益于品牌。

---

① 这种能发挥实效的药物，售卖时经常被称为欣流咀嚼锭，而其本名为孟鲁司特。——原注

② 纽约曼哈顿区一条有名的街道，集中了美国多家广告公司的总部，被认为是美国广告行业的代名词。——译者注

相信某种东西能发挥作用，某种东西不能发挥作用，这种牢不可破的信念便是品牌忠诚度的最强大之处。信念一旦建立，便基本无法消除。这种信仰如此坚定，甚至能在我们明知其只是安慰剂的情况下，继续发挥作用，这点在 2010 年被一组大肠激躁症病人证实了。（大肠激躁症简称肠躁症，有别于炎症性肠病。）肠躁症对大肠影响最大，频频引发各种症状，包括腹痛、腹绞痛、肠道蠕动异常等。肠躁症是种常见病症，病人求医问诊的十大主要原因中，其中之一便是它，美国患这种病的人有 1530 万左右。

研究人员在 2010 年的实验中，跟 80 名肠躁症病人说，他们中的一半能得到正规的治疗，另一半只能得到安慰剂。研究人员告诉病人，安慰剂这种东西一点作用都没有，完全发挥不了治疗作用，跟糖没什么两样。不过，研究人员还着重点明，“有严肃的科学实验表明”，这些安慰剂能建立“重要的精神与身体自我修复机制”。随后，研究人员随意选择了一半的病人，向其发放安慰剂。

所有病人在三个星期后收到指令，回答一系列评估其腹痛等症状程度的问题。跟没用安慰剂的病人相比，用过安慰剂——“安慰剂”的字样在药瓶上标注得非常清晰——的病人，其疼痛等种种症状都明显减轻。

此次研究的组织者名叫特德·凯普查克，他在波士顿的贝斯以色列女执事医疗中心[1]做研究员。他表示，安慰剂效应强大到“不只能明显作用于统计数字，在临床研究中更是意义非凡”，即安慰剂能应用于实际中，而不仅限于理论。

我们发觉，当代不少疾病的治疗效果都有些得益于想象力，关节炎、哮喘都是如此。我们跟 18 世纪巴黎那些围在橡木桶旁边的人一样，被“虚无”的力量作用。

但这并不表示安慰剂无所不能，其对癌症、破裂的动脉瘤、不孕不育症等都无法发挥作用，应用的领域很狭窄。但对于疼痛、抑郁乃至更年期潮热潮红等很多主观病症，安慰剂都能发挥作用。

① 位于美国波士顿的国际著名医院。——译者注

眼见为实

个人感受的主观程度，会让人感到吃惊。我们对自己所处环境的认知，包括从周围看到、感受、思考的所有事物，都能改善或恶化我们所处的环境。跟周围只有四面墙壁的病人相比，病房有窗户，且能透过窗户看见花和树的病人将更快康复，更少出现疼痛以及并发症。病人还会因医生频频说满怀希望的鼓励话语，康复更快，感受更好。有个很出名的实验，腹部做过手术的病人，因为医生态度积极向上，对其鼓励有加，比其余病人提前两天出院了。

主观会通过种种方式，对我们的感受造成影响，而眼睛这扇心灵的窗户是最常规的方式。视觉的力量对信仰的建立发挥着最大作用，正如俗语中所言："看到的才是真的。"不过，看起来很简单的"观察"，在作用于我们的感受时，却往往会借助深刻的方式。

近来，都灵大学[①]医学院的法布里齐奥·贝内代蒂医生领导一组成员，设计了一项简单而精巧的实验，将上述

① 位于意大利都灵市的著名大学。——译者注

现象展示出来。他们为两组病人使用了他们挑选的四种常见止痛药。第一组病人的止痛药采用医院的常规方式，在病床边输液，将止痛药输入病人身体的过程，展现在病人眼前。第二组病人却无法看到止痛药的输入过程，因为注射是秘密进行的。

两种注射的方法从理论上说，效果一模一样，但在实验中却出现了不同的结果。秘密进行的注射，其止痛效果比不上能看见的输液，即止痛药会因病人看到其输入，取得更好的效果。任何止痛药都是如此，绝不仅限于少数几种止痛药。

此外，贝内代蒂医生还发现，大多数止痛药的止痛功效都源自其带来的心理作用，而非药物功效，即所谓“药效作用”。在这种情况下，双眼看到的变成了信仰，信仰又一次造就了现实。

疼痛有何意义

“看”并非一种中性行为。我们从一出生，就在将种种意义赋予看到的一切。一开始，我们看到的是妈妈的脸，之后在探寻世界的过程中，我们看到的越来越多。看到红色的路标，我们能分辨出那表示“停止”。看到纳粹的标志“卍”，我们明白那代表另外一种含义。不过，人物、地点的差异，或许会导致该标志代表的意义差异。其对德国人代表着某种意义，对犹太人又代表着另外一种意义，可其具备意义却是毋庸置疑的。在我们感知这个世界的过程中，“意义”发挥着重要且深刻至极的作用。

有多深刻呢？二战期间，有个年轻人名叫亨利·诺尔斯·比彻，刚刚从哈佛医学院毕业，他留意到意大利安济奥[①]海滩的伤兵看起来很奇怪。安济奥对同盟军来说，就像地狱一样。1944 年 1 月，同盟军登陆安济奥。德军马上出兵狙击，消灭了超过 1000 名同盟军。首批登陆并被压制在低处的美军中，有个名叫罗伯特·阿佩尔的士兵，他

① 意大利沿海城市，靠近罗马。——译者注

是从密苏里州的圣路易斯来的，时年22岁。很快，他在旁边发现了一座可用作掩护的果园，便爬了进去。阿佩尔听着接连不断的子弹声和迫击炮声，生怕碎片伤及自己的眼睛，便暂且将头盔向前推了推。

忽然之间，他感受到巨大的冲击，好像脑袋后头被棒球棒狠击了一下。爆炸力度太强了，他被迫转了一圈，倒在地上，然后迷迷糊糊躺在那儿。他摸到右耳朵后边都是血，刚刚的冲击是由一枚爆炸的迫击炮弹飞出的弹片造成的。弹片可能长0.75英寸，宽0.25英寸，体积很小，形状跟伊利诺伊州地图非常接近。阿佩尔虽然迷迷糊糊，但还是踉踉跄跄走回了战地医院，那里距离前线有几英里远。医生告诉他，他的下巴碎了，脸部分麻痹，还有一条脸部神经坏了。

阿佩尔高兴极了。

受了这样的伤，他就能回家了。之后，他在信中写下这样的话："太——好——啦，这个意外真让人喜出望外！"

很多士兵都跟阿佩尔情况相似，身受重伤，却感受不到强烈至极的疼痛，比彻医生不知道这是为什么。他开始通过研究找出答案，他问所有身受重伤，来到战地医院的士兵："你觉得疼吗？"对士兵来说，再没有比这更荒谬的提问了。

很多士兵都会说疼，这点可以预见。随后，他们会继续接受提问："那你是否想要止痛药？"超过 3/4 的人都会委婉地说不要，这很让人意外。

战争结束后，比彻返回哈佛大学，进行另外一项研究，以普通百姓而非士兵作为研究对象。他希望了解在受伤程度相同的情况下，普通人感受到的疼痛会不会跟士兵持平。冲平民开枪射击、发射迫击炮，这些对比彻而言都不可能。于是，他只能退一步，选择为病人做手术。1950 年的手术用的麻醉剂还是乙醚，以现在的眼光看，条件是很差的，而且一般说来，耗费的时间也相当漫长。比彻找到了 150 名需要做主动脉移植或脊椎融合等手术的病人，尽管跟被子弹击中相比，这些手术给病人的身体和精神造成的伤害要小一些，但是小也小得有限。

比彻对手术过后的普通人和在战争中受伤的士兵接受止痛的概率，做了一番比较。面对止痛，普通人中的 83% 选择了"是"，士兵中的 75% 却选择了"否"，双方的差距让人惊叹。

这种差距源自何处？答案已清晰展现在比彻面前，即相似的伤却有迥然不同的意义。受重伤对士兵来说，往往意味着好事。受伤对罗伯特·阿佩尔来说，意味着他要告别战场，返回故乡。然而，相似的伤对普通人来说却是坏事，这也许代表着其将步入惨痛的生活，受尽痛苦与疲倦的折磨。简而言之，对于疼痛的感受，“意义”的影响是很大的。

比彻写下了这样一番话：“对受伤的不同理解，造就了两种状况的最大区别。疼痛对病人的意义，决定了病人感受疼痛的程度。”

1956 年，比彻发表了具有突破性的研究报告，表明疼痛的意义颇具伸缩性，相同的伤对不同人的意义不同。你若能改变意义，便能将疼痛掌控在手中。

从某种角度说，德世朗甚至麦斯默想要做的就是这种事。他们明白，若能改变人们某种特殊体验——哪怕是疼痛这类强烈的体验——的环境，就能扭转人们对这种体验的认识。这就是为什么麦斯默将磁疗的场所选在小型会议室中，而非医生办公室中。也可以这样说，你能借助这种方式，指引别人进行自我欺骗。若你真的能做到这点，那自我欺骗之人将展现出怎样的潜力，这是任何人都无法确定的。这属于新科学的种子，天文学家巴伊如此说道。

KIDDING OURSELVES:
THE HIDDEN POWER OF SELF-DECEPTION

第二章 蜂拥而至的人群

一般说来，人在能肆意妄为的情况下，都会选择彼此模仿。

——艾瑞克·贺佛

1944年9月，美国伊利诺伊州的马顿市发生了一系列稀奇古怪的事。随后，在芝加哥以南200英里，一座拥有1700位居民的小镇上也发生了相同的事。有位年轻的家庭主妇名叫埃琳·科尔尼，她在9月1日晚上闻到有股“恶心的甜味”从卧室的窗户飘过来，这便是事情的开端。科尔尼太太闻到这股味道后，两腿失去了知觉，嘴唇也变得很热。她叫自己的姐姐过来帮忙，姐姐又求助于邻居。警察接到邻居的报警电话赶过来，结果什么都没发现。

科尔尼太太的丈夫波特是一名出租车司机，当时正往家里赶。把车停到门口时，他刚好瞥到卧室窗前站着一个男人。他去追那个男人，后者却马上跑进黑夜中，再也找不到了。警察又一次赶过来，还是一无所获。

第二天，“气体攻击”这件事登上了当地《每日公报》的头条，上面有一个大标题：“‘麻醉歹徒’在逃！”

之后，警方获悉，全镇各地发生了大量相似的气体攻击事件。乔治·赖德女士说，她一个人带着幼小的孩子在家里睡觉的时候，遭到了歹徒的攻击。赖德女士表示，自己听到了一声奇怪的声音，然后闻到了一股奇怪的味道，手指和腿都因此失去了知觉。有位住在赖德家数条街以外的女士，同样表示自己在睡梦中闻到“一股让人作呕的甜味”，被吓醒后，她发现自己的孩子正在呕吐。

警方9月5日又获悉，发生了两起攻击事件。有位报案者名叫比尤拉·科德斯，时年45岁。她表示，晚上22∶15左右，自己在门口的走廊中看到了一件白色的衣服，折得整整齐齐，中央处有一片湿了，看起来很奇怪。她把衣服拿起来，闻闻那片湿了的地方，双腿马上像有电流穿过，感觉非常强烈。

她大叫起来：“一直刺到我的脚指头！”

第二天，发生了另外三起气体攻击事件。到了8日，又发生了四起。9日，发生了五起。10日，发生了七起。而马顿市警察局此时只有警察2人，巡警8人。《芝加哥先驱报》翌日刊登了“全州上下通缉气体歹徒”的头条，标题高将近9厘米。

整个镇子这时都已紧张到极点。市政厅中会聚了几百个平民，男性都带着武器装备，并自发组成了多个小组，以维护治安。有位太太为丈夫的霰弹枪上膛，还在厨房的墙壁上开了一枪，打出很大的窟窿。

州警察很快赶到镇上处理此事，从春田市[①]驶来五辆巡逻车，配有无线电这种打击罪犯最先进的科技产品。镇

① 伊利诺伊州的首府。——译者注

上的警察局长开始吹牛，说有了无线电，警察的反应速度就更快了，“报案电话还没挂好，警察已经到了”。然而，案件还是不断发生，警察什么发现都没有，无线电根本帮不上任何忙。

收到消息后，大城市的记者都赶过来了，联邦调查局的探员也赶过来，齐心协力，想要解决此事。凶手在某段时期，好像就要落网了。嫌疑犯缩小到包括两位业余化学家在内的四个人。精神病院都被询问，有没有病人逃走。政府对包括比尤拉太太在门口走廊发现的白色衣服在内的极少量线索做了分析，最终还是一无所获。

一些调查人员开始质疑，抛开一切不可能解决的谜团，还有一件被无视的小事，让他们始终摸不着头脑，那就是为什么镇上众多歹徒攻击的案件中都没听到狗叫声。警察局长在首个案件发生后 11 天，即 9 月 12 日判断，这不过是一种错觉，整件事“完全是一个错误”。

在此之后，情况迅速发生改变，忽然没有人再报警说受到气体攻击了，跟当初忽然有一群人报警没什么两样。电话、无线电都不响了，镇里的狗依旧一声不出。州警察短短数日就跑光了，联邦调查局探员也开始收拾行李。大城市的记者因为找不到能报道的新闻，只能回去了。“麻醉歹徒”这桩奇怪的案子，就这样宣告结束。

群体行为

这11天，马顿市居民究竟哪里不对劲儿？很多人都在尝试寻找答案。直到现在，还有很多人相信真的存在麻醉气体和歹徒。有人还公然表示，自己了解歹徒真正的身份。

不过，要将此事解释为大家都很擅长模仿他人，更加简单。在个人身上，我们的自我欺骗能力效果非凡，在群体身上，同样如此。许久之前，英国诗人约翰·邓恩[①]便表示："没有人是一座孤岛。"我们借助比麦斯默编造出来的比流体更加无形的社交网络，在相互之间建立了关联。将我们的潜意识会聚到一处的网络，既包括由电脑显示屏连为一体的现代社交网站，又包括公司茶水间会聚的老式小帮派。我们因此不断做出一些行为，不仅很奇怪，还带有传染性。其他人的行为、思想也许颇具传染性，以至于有些东西可能仅仅是群体行为的产物，看起来却像是群体智慧

① 约翰·邓恩（1572—1631），英国著名诗人，代表作有诗歌《丧钟为谁而鸣》等。——译者注

的成果。

人类都有模仿他人的倾向，只是程度各不相同，对此科学家一早便已了解。更有甚者，人们会模仿一些非同寻常的事情，自己却毫无意识。有个很典型的例子，就是打哈欠。打哈欠的传染性很高，我们单是看见其他人打哈欠，自己就想打了。打哈欠传染性太高，暗示难度太低，以至于只是看见这个词语，读者便会本能地想打哈欠。我认为，很多读者对此都没有任何疑问。

涟漪效应

无人能为打哈欠为什么能传染提供确切的答案。打哈欠不存在显著的必要、功能或效果，像子宫中的胎儿这种得到充足睡眠的人照样会打哈欠。但打哈欠能传染，表明人们在交流一些信息时，不需要动用语言，这点相当关键。这就好比 18 世纪那些在桶边围成“沟通绳”的巴黎人，绳子拉动便会引发多米诺骨牌效应，一个人被影响，便会把其余人拽倒，在群体之中，影响就像涟漪一样蔓延开来。

医学杂志用“群体心应性疾病”“情绪传染”和最常见的“集体歇斯底里”等三十多种称谓，来称呼上述现象。这种突然出现的现象不管拥有何种称谓,都有一项共同特征，就是传播之迅速,让人吃惊。爱尔兰都柏林市郊的一所学校，1979 年发生了这样一件事。有两个孩子上午 10∶30 觉得不舒服，肚子疼，想呕吐。过了三个小时，同样的病症出现在47 个孩子身上。校方慌乱不已。学校里先后驶来五辆救护车，学校广场中会聚了上百名本镇居民。抵达现场后，医护人员发现这里混乱不堪。此次突发事件被爱尔兰一名医学记者说成，“情况好像野生动物集体狂奔”。

此次“狂奔”的原因是什么，无人知晓。通常说来，在西方国家这类事件的直接原因都是臭气或是毒气这类气体，一如马顿市发生的案件，之后再调查，自然不会有任何发现。而其他国家却往往以眼睛看到的东西作为直接原因。日本东京电视台1997年12月播放动画片《神奇宝贝》时，就因为画面中闪烁的光芒，突然引发了一种群体行为。节目播出后不到一个小时，就有600多个孩子被送到医院，在他们身上出现了各种各样的病症。

事实上，跟普通人的想象相比，这类心理作用的分布更加广泛，超越了不同宗教、种族、文化，频频出现于全世界各个地区。从1973年到1993年，单是英语医学杂志记录的突发性集体歇斯底里，最少也有七十例。其中1/2都出现在美国，新加坡有七例，印度也有七例，英国有五例，马来西亚有三例，加拿大有两例，澳大利亚、中国（香港地区）、爱尔兰、以色列、牙买加、肯尼亚、新几内亚、南非、西班牙、乌克兰、赞比亚分别有一例。

当事人的想象力决定了上述集体歇斯底里种类多样。1982年在印度东北部地区，有几千名男子坚信自己的阴茎在不断缩小，但政府迅速做出反应，用尺子度量过后，表示这不过是他们的幻想。第二年，约旦河西岸有接近1000人闻到了“一股味道，类似于臭鸡蛋”，之后就昏倒了，还有两倍以上的人感觉到强烈的痛苦，但在之后的调查中，并没有发现臭鸡蛋或任何有毒的物质。2011 年，纽约有 12 名女生在同一时间出现了种种让人惶恐的病症，比如抽搐、癫痫等，而她们平日里身体和精神都很健康。由于这些女生都再平常不过，这些病症却再反常不过，因此这件事在国际上成了焦点。这些女生到处都能看到，其中很多人都是相互认识的人或朋友。部分人在同一支足球校队中，部分人则在同一支啦啦队中。她们的父母都说她们是“快乐、平凡的孩子”，因此当让人预想不到的集体歇斯底里的诊断结果出来后，她们的父母都很难接受。

在接受《纽约时报》的采访时，有位家长表示：“胡言乱语，怎么可能是集体精神病呢？”

但除此之外的可能性都不成立。专家跟都柏林那所学校发生突发性事件时一样，做了详细的检验，摒弃了环境、神经系统、生物等种种可能，却一无所获。

其中一个女生的监护人说：“我实在接受不了，莫非现在还是 17 世纪？”

性别差距

这句话在某种情况下是成立的。

一般说来，在集体歇斯底里中受害的都是女性，以往是这样，现在依旧如此。直到今时今日，我们还是无法解释这种病症为什么多出现在女性身上。我们拥有大量的理论与少量的事实，后者都指向了现实中的性别差距。出现集体歇斯底里症状的女性与男性，其比例从 2∶1 到 10∶1 不等。这种差距最近这些年开始降低，但女性依旧占了大部分。田纳西州的麦克明维尔的一所高中，1998 年突然出现了集体歇斯底里，受害人共计 186 人，其中女生占 69%，跟男生的比例为 2∶1 略高一些。

这并不意味着，集体歇斯底里只会影响女性。像亚洲、非洲一些地区每隔一段时间便会发生的“阴茎缩小恐慌”等奇怪的集体歇斯底里症状，便只会出现在男性身上。1967 年，一些相信自己的阴茎在不断缩小，为此惶恐不已的男人，占领了新加坡各家医院。相似的情况 9 年后在泰国出现，受此影响的男人超过了 2000 人。尼日利亚的暴徒 2001 年间动用私刑处决的“诅咒阴茎缩小嫌犯”，最少也有 12 人。

在外人看来，这些事情滑稽而荒谬，但受其影响的人乃至提供治疗的人都感受到了真正的痛苦。1965 年，集体歇斯底里在英国布拉克本一所女子中学爆发。早上，数名女生说自己头晕，并有种奇怪的感觉。当地医院报告，近中午时分，“整个学校都受到了影响，大批女生倒下”。截至中午，表示自己出现种种症状的学生达到了 141 人，具体症状包括头晕、作呕、抽搐、牙齿打架、皮肤麻痹，其中 85 名学生被送往医院。学校的 550 名学生中，有 1/3 左右受此次事件影响。为了从医学角度调查上述症状的原因，人们在此之后花费了大量精力。对女生的血液、食物乃至大便的检验都呈阴性。调查者疑心是毒气引发了此次事件，在学校各座建筑中放出 12 只天竺鼠——活的那种，但其呼吸却很正常。

之后在《英国医学杂志》中，调查者说他们断定此次事件“纯属歇斯底里”。但他们着重点明，尽管种种症状都源自想象，可是其对那些女生和关怀她们的人来说，却非常真实。事件过后，相关女生说“自己生病并不是假装的”，“一开始的见证者也并未被‘愚弄’”。相反，她们全都被一种相互欺骗的行为愚弄了，这种行为“非常惊人，从生理方面说，还非常有说服力”。

大众传媒与集体歇斯底里

16世纪过后，集体歇斯底里有一方面已发生了显著的变化，这牵涉其传播的方式。这类集体歇斯底里的爆发，一直受地理位置所限。只有在工厂、学校这类空间有限、人口密集且人能相互看见的地方，才会爆发这种事件。1374年，爆发了史上第一起留下记录的集体歇斯底里事件，其中的病人多为天主教修女，需要严格遵守纪律的宗教人士。时常引发奇怪的反社会举动，是这些事件的一大特色。比如1491年，法国康布雷[①]爆发了集体歇斯底里，多名修女身上出现了种种症状，不仅如此，她们还像狗一样叫，并为未来做出预测。1560年在西班牙一座教堂，多名修女像羊一样叫起来，并拽下自己的头巾，身体抽搐。而在法国一家修道院，修女像猫一样叫起来，且“在每天固定的几小时内，一起叫个不停”。

集体歇斯底里在工业革命期间，走进了工厂。1787年，

① 法国北部一座城镇。——译者注

英国兰开夏郡[①]一家棉纺织厂爆发了集体歇斯底里，这是首个有记录可查的工厂歇斯底里事件。当时有24名工人说，自己的脖子好像被掐住了，然后倒在地上，抽搐起来。记录显示，这种抽搐非常强烈，持续时间非常长，“要阻止这些病人扯掉头发，或用头狠撞地板和墙，一定要四五个人一起上阵才行”。抽搐在电击过后才停下来。相似的事件也出现在了法国、德国、俄罗斯和美国。

可到了现在，集体歇斯底里已经不再受地理位置所限了。无论何时何地，完全陌生的人身上都可能发生集体歇斯底里。只因大众传媒这种在1600年尚未出现的东西，在这些陌生人之间建立了关联。就像麦斯默的“沟通绳”一样，电视、收音机、网络会在人们之间建立关联，很多时候还是密切关联。如今只需一瞬间，个人的观点、感受、情绪便能传播到全市乃至全世界。借助这种渠道，当代的集体歇斯底里也能传播出去，且时常引发相当恐怖的结果。但要找出源头与受其影响者之间的联系，会变得愈发困难，因为双方的距离也许相当遥远。

① 英国英格兰西北部的一个郡。——译者注

最后的演出

洛杉矶警察在 1962 年 8 月 5 日早上接到了一个报警电话，是从布伦特伍德的高级住宅区打来的。在那座住宅的二楼，警察发现了一个美丽的女人，赤身裸体，脸朝下伏在乱糟糟的床上，已经死了。她跟洛杉矶不少年轻女人一样命途坎坷，有着不幸的童年，几段失败的婚姻，还是精神疾病科的常客。跟很多人一样，她希望在这里改写自己的命运，为此还将名字从诺玛·珍妮·莫特森改成了玛丽莲·梦露。

在她的床头，警察找到了一瓶安眠药，里面空空如也。于是，她的死因被裁定为“疑似自杀”。第二天，世界各地的收音机、电视台、报纸都发布了 36 岁的玛丽莲·梦露的死讯。塔斯社[①]虽受控于苏联政府，也发布了这一讯息。

一般说来，玛丽莲·梦露的故事至此便结束了。然而，反常的事却在她去世几天、几星期内不断发生。其余人也开始自杀，很显然是在模仿她。一开始，这种情况只出现

① 苏联的国家通讯社。——译者注

在纽约，人们觉得这种前所未有的自杀浪潮，与梦露的死亡有关。梦露死后刚满一星期，即8月12日，一个星期天，第十东大道有个28岁的姑娘在浴缸中溺死了自己，斯塔滕岛①一名工人举枪自杀，一名出色的总经理从自己在华盛顿广场西边八楼的住所中跳楼自杀。这一天，纽约自杀而死的人共计12人，是平均数的6倍，打破了先前一天之内有8人自杀而死的纪录并创造了史上最高纪录。

自杀的浪潮仍在继续，蔓延至美国各地，自杀者数量惊人。一项研究表明，整个美国的自杀率在玛丽莲·梦露去世一个月内，上涨了12%。

最终，自杀的浪潮还蔓延到了大西洋对岸。英格兰和威尔士居民都非常喜欢梦露，结果这两地的自杀率上涨了10%。大卫·P.菲利普斯教授一项有名的研究表明，美国的自杀事件在梦露去世后两个月内，“额外”多了303件，英格兰和威尔士则多了300件。简而言之，有603个完全陌生的人，可能为了模仿玛丽莲·梦露而选择自杀。

① 纽约一座岛屿。——译者注

无意识的动机

身为银行家，美国人约翰·皮尔庞特·摩根[①]对金钱有深入的了解，对人和怎样刺激人同样有深入的了解。“一个人不管做什么事，都有好的原因和真正的原因这两种原因。”他说。他的观察非常细致，而他这一观点的准确性已被最近的研究证实。

我们经常在说一些事或做一些事时，认为自己已经明确了相关的原因。我买普锐斯[②]，是因为很省油。我买苹果手机，是因为其应用程序。我到郊区生活，是因为考虑到上学的问题。

可实际上，我们对自己的了解并不充足。我们很多决定都被无意识的动机影响，连非常私人化的决定也不例外。比如结婚这种个人一生之中最私人化的决定，如果你准备今天结婚，必然会罗列出很多原因，表明你为什么要跟这

---

① 约翰·皮尔庞特·摩根（1837—1913），美国著名银行家，泰坦尼克号就是由他出资建造的。——译者注

② 丰田汽车公司的一款混合动力汽车，以内燃机和电动机作为动力源，因此也被称为油电混合动力汽车。——译者注

个美妙的人儿结婚，包括此人的容貌、笑声、财产。你可以坦诚一些，反正你这份清单不会告诉任何人。

不过，再长的清单应该都不会包括对方的名字，特别是姓，而这在你选择结婚对象的过程中，却发挥着关键的作用。在深入调查美国东南部地区的全部结婚记录时，研究人员有了意外发现，即个人也许会被对方跟自己相同的姓氏或名字打动，自己对此却毫无意识。

在对照夫妻的姓氏时，研究人员发现同姓的夫妻占据了很高的比例。姓史密斯的人跟姓约翰逊、威廉姆斯、琼斯或布朗的人结婚的总数，仅相当于其跟同姓史密斯的人结婚总数的1/5。后者结婚的概率甚至超越了前面几种姓氏的总和。

这种现象之所以让人惊讶，是因为其只牵涉到统计数字，一如加利福尼亚理工学院的莱纳德·蒙洛迪诺教授所言。也就是说，若其余条件都一样，史密斯姓氏是布朗姓氏人数的两倍，就能预测跟总数更少的布朗同姓通婚的概率相比，布朗跟史密斯通婚的概率更高。不过，布朗最常见的结婚对象，还是会姓布朗。

网络中的“羊群”

事实就是布朗与布朗结婚，史密斯与史密斯结婚。研究人员以“羊群效应”命名这种行为。倡导个人特色的人私底下也愿意加入“羊群”。我们会在一个群体接近我们时加入他们，为了适应他们的观点，调整自己的观点。一天之中，我们也许会无数次做这种小的调整，这种常见的行为是无意识的。例如你在Facebook上为一篇文章点赞，就算这篇文章并非热门，你的朋友们多半也会为其点赞。

近日，麻省理工学院、纽约大学、希伯来大学①做了一个实验，据此我们才对上述情况有了了解。这些学校创建了一个名称保密但真实存在的新闻分享网站，就跟Digg②、Reddit③差不多。用户可以提交新闻链接，读者可

---

① 又称为耶路撒冷希伯来大学，犹太民族的第一所大学，以色列的最高学府，有“中东哈佛”的美誉。——译者注

② 中文名是“掘客”或是“顶格”，是美国人凯文·罗斯在2004年创办的一个网站，类似于博客。——译者注

③ 2005年，美国弗吉尼亚大学的两位学生创立的社交新闻网站。——译者注

以发表评论或为其余评论投票。每个评论都有支持票减去反对票得出的分数。研究人员在五个多月的时间内，不断对这些分数做出修改，他们会随意为每个新出现的评论投支持票或反对票，对某些评论却什么都不做，用作对比。

可能在你看来，这种小小的改变，不至于会对读者的观点造成影响，事实却并非如此。与用于对比的评论相比，从研究人员处获得第一票支持票的评论，再从真正的读者处获得支持票的概率要高 32%，而且这并非偶然现象。在五个月后，后一种评论的得分比前一种评论的得分平均高了 25%。反对票却没有如此显著的影响，这点很有意思。看到反对票，大家会投支持票，将反对票抵消。

所以一如马顿市那种情况，炒作不仅能发挥作用，还能自我满足，好像雪球一样滚大。我们会在无意识的情况下，被其余人的看法影响。可在我们看来，我们的决定都来自且只来自自己。

KIDDING OURSELVES: THE HIDDEN POWER OF SELF-DECEPTION

第三章

致命的本能

难道致命的幻觉只能看到，无法触及？

——威廉·莎士比亚《麦克白》

田纳西州纳许维尔的范德堡大学有位医生，名叫克利夫顿·K.米多尔，他在1992年为一位名叫山姆·舒曼的病人的离奇死亡，做了非常详细的记录。医生检查出70多岁的鳏夫舒曼先生患了食道癌，之后舒曼先生便住进了医院。数次手术都没能阻止癌细胞的扩散，扫描显示，他的肝脏左叶已被癌细胞全面入侵。这是个坏消息。在当时的情况下，所有食道癌转移的病人都无一例外会死去。了解到自己只能再活几个月，舒曼先生便跟第二任太太结了婚。为了方便太太一家照顾这位将死的丈夫，这对夫妻搬到了纳许维尔。米多尔医生就在这里找到了他们。

第一次来到舒曼先生的病房，米多尔医生只看见床上的被子略有起伏。掀开被子后，他看见了一个老头，身材矮小，胡子拉碴，看上去命不久矣。舒曼先生勉强睁开双眼，一言不发。米多尔医生希望他能对自己是否已经离去产生好奇心，因此只是看着他，不说话。床单在近10分钟后略微动了一下，舒曼先生伸出头来，满脸戒备。

米多尔医生写下了这样一番话："看见我还在那儿，他好像大吃一惊，马上重新把头藏进被子里。"米多尔医生哈哈大笑着拽开舒曼先生头上的被子。

舒曼先生说："出去，让我一个人待在这儿。"

米多尔医生说："要是你真想这样，那就这样吧。"

他走了，但每天都会安排护士和物理治疗师去探望舒曼先生几次，因此舒曼先生依旧无法一个人待在病房中，每天都要被喂强化流食，身体从原先的干瘦变得壮实。每回过来，这些人都会让舒曼先生下床散步，一直走到走廊那头，完全不理会舒曼先生本人的意愿。舒曼先生被照料得越好，就越生气，最终忍不住大骂护士。

米多尔医生说："我希望看到的就是这种反应。"

舒曼先生很快变得越来越大声，但也越来越礼貌，跟医生之间的关系日渐融洽。身体好转的舒曼先生把自己这一生的经历说给医生听，说第一任太太是自己的"灵魂伴侣"，两个人为了退休计划，一起奋斗终生。他们始终没有孩子，哪怕他们非常想生。到了最后，他们总算买下了一座建造于庞大人工湖岸边的房子，实现了自己的退休计划。

之后有一天晚上，惨剧发生了。他家附近的土坝决堤了，他们的房子被洪水冲走，葬身于河中。舒曼先生成功抓住一些漂浮物，幸免于难。至于他的太太，却尸骨无存。

他跟米多尔医生说："我毕生所爱与梦想，就这样消失不见了。当天晚上的洪水带走了我的全部心血……全部积蓄……还有我的心灵与灵魂。"

他最早出现癌症症状，是在太太去世后半年。他在一年之后做了第一次手术。眼下，他正在纳许维尔的病床上等待即将到来的死亡。

米多尔医生写下了这样一番话："那时候，他了解到自己死期将至。他的妻子以及帮他做第一次手术的外科医生也都了解此事。而我也很确定，癌细胞扩散将导致他命不久矣。"

舒曼先生哭了很久，但没有发出任何声音。最后，这种静默被米多尔医生打破了："你想让我为你做什么？"

长久的思考过后，舒曼先生说："我只有一个心愿，就是请你帮助我活到圣诞节。"

米多尔医生说，自己会竭尽全力，但需要舒曼先生共同努力。舒曼先生的身体在持续的物理治疗和食疗中，变得越来越好。10月末，他看起来已经非常健康，自己出院了。

米多尔医生写道："不了解他的癌细胞已经扩散的人，会觉得他的情况简直再好不过。"

接下来的每个月，米多尔医生都会去看舒曼先生，每回都发现他"看起来十分健康"。过了新年，米多尔医生又去看舒曼先生，发现他的身体状况急转直下，好像很快就要死了，不禁大吃一惊。果然，舒曼先生在24小时后，在梦中再也没有醒来。

但舒曼先生本就奇怪的情况，之后变得更奇怪了。验尸报告显示，他基本没有任何疾病。他的血液气体分析很正常，并未出现呼吸困难的症状。他患有肺炎，但一点也不严重，不会成为致死的原因。他的癌细胞基本都消失了，让人难以置信。他的肝脏左叶只留下一个小瘤子，长度还不到一英寸。他的食管则完全健康。

米多尔医生表示："去世时，他患有肺炎和癌症，可我觉得，他并非死于这两种原因。"

米多尔医生因为这一结论，一直怀有疑问：若不是癌症，那是什么杀死了山姆·舒曼？

致死的疑心病

医生们在最近这几代乃至更长的时间内，一直致力于研究有些看起来很健康的人会莫名其妙死掉，且大多死得很突然，是什么原因导致的。这类神秘死亡的病例，在世界各地的医学杂志上都有记录，比如战士在战场上并未中枪却死了，比如结婚多年的夫妻去世的时间只相差几天，又比如收到坏消息后，病人便心脏病复发而死，更有甚者，部分病人还对自己的死亡时间做了精准的预测。

尽管我们还搞不清为什么会出现上述状况，但感知在其中发挥着重要作用，已被越来越多的证据证明。在第一章中，我们提及积极的感知，包括“有品牌”的阿司匹林，能看到的输液瓶、能感知的针灸针，都能让我们有更好的感受。面对这些事物，我们积极的态度已显著且真切地影响到了我们的幸福感。

不过，感知都有两面性。部分事物在我们看来，能让我们变得更好，部分事物在我们看来，却能让我们变得更糟。在后一种情况下，安慰剂邪恶的双胞胎——反安慰剂，正作用于我们的感知。所谓反安慰剂，与安慰剂相反。不过，其发挥的作用却跟安慰剂同样强烈，在极端的情况下，反安慰剂甚至能杀人，这些都已被研究证实。尽管因反安慰剂而死的人并不多，但有些医生还是根据其出现频率，确定其中包括了致死的疑心病这种现代病。

在最早记录该现象的人中，就有20世纪美国一流的医生沃尔特·布拉福德·坎农。在哈佛大学读博士期间，坎农成绩非常优秀，拿到博士学位后不久，他就当上了哈佛大学生理学系的主任。谈到恐慌、愤怒等各种情绪和疼痛引发的生理变化，坎农医生可是专家。用于描绘人在威胁面前的两种反应"战斗还是逃跑"，便是他的首创。他在漫长、辉煌的职业生涯中，以"巫毒死亡"为标题，写了一篇文章，发表于1942年的《美国人类学家》杂志上，之后成了医学界的经典文章。

在这篇文章中，坎农医生引用了一些病例，病人都因巫毒死亡或是濒临死亡，其中有些病例是由一位名叫西尔威斯特·M.兰伯特的同事提供的。兰伯特花费了几十年时间，在南太平洋旅行。他曾在20世纪初来到澳大利亚东北部的昆士兰，在基督复临安息日会[①]为向偏远地区原住民传教而建立的组织中，生活了一段日子。他刚到那里，传教士就带来了一个坏消息，有个名叫罗布的原住民——

---

① 一个世界性的基督教传教会。——译者注

传教士的重要助手得了重病，根本下不来床。兰伯特医生检查了这位病人的身体，发现他并无任何病症或病症的前兆，并未发烧或觉得哪里疼痛，但他的确生病了，而且病得厉害，这点显而易见，这让兰伯特医生百思不得其解。

传教士跟兰伯特医生说，前不久，罗布和当地的巫医奈布发生争吵。奈布在争吵过程中，用一根细细的骨头指着罗布。大家也许会觉得这一幕非常滑稽，但原始部族的人却不这么认为。在传统的死亡诅咒中，再没有比用骨头指着别人更恐怖的了。[①] 发出诅咒的人甚至会派人跟踪被诅咒的人，偷偷杀掉后者。原住民的暗杀队成员都穿着特制的拖鞋——以鸸鹋和人的头发为原材料制成，基本不会留下脚印。但通常说来，单是死亡不断临近的恐慌，已经能让被诅咒的人惊慌失措了，再派出暗杀者是多此一举。被诅咒的人往往会食不下咽，身体越来越糟糕，最终可以说是被活活吓死的。

兰伯特医生了解到这些情况后，跟传教士一起想了个办法。两人一起去找奈布，说罗布若有什么三长两短，他们就不再为奈布提供食物，并要驱逐奈布及其族人，以此

---

① 这种诅咒一直沿用至今。2004年，为抗议澳大利亚总理约翰·霍华德废除原住民最高政府机构的决定，一个身穿负鼠皮的女性原住民拿着一根骨头指着霍华德，但之后霍华德一直安然无恙。——原注

威胁奈布。奈布马上答应跟他们一起去看罗布，很明显，他们的威胁是非常有用的。其后，兰伯特记录下了当时的情景：“他来到罗布床边，跟气若游丝的罗布说，自己仅仅是跟他开了个玩笑，并未诅咒他，请他不要误会。”

这番话几乎马上便起到了安慰的效果，兰伯特说。

“当天晚上，罗布就重拾自己的工作，找回了之前的快乐与精力。”

坎农医生认为，像罗布这类情况是真实存在的，但仅限于以下背景下：迷信至极，受教育水平低下，在被敌对态度充斥的世界中，不知该如何应对。坎农发表了这项研究成果，他的“巫术死亡”在此后多年间得到了大量证据。除了古代人，这点同样能用于现代人身上。

现代骨头诅咒

对现代人来说，癌症诊断书作为一种死刑判决，跟原住民的骨头诅咒一样真切。我们可能会因身体有点不舒服，去医院求诊。从医生办公室走出来时，却带着足以让所有人心惊胆寒的噩耗。单是这样，已经让很多人立即心脏病发作死去了。现实就是如此，并非什么民间传说。

美国、冰岛、瑞典的研究人员，在2012年翻阅了600多万瑞典人的医疗记录。除了拥有全世界最好的医疗保障，瑞典人还拥有全世界最完备的医疗记录。瑞典从1958年开始以法律形式要求临床医生和病理学家一定要将癌症病例上报。从这时开始，瑞典建立了国家癌症与死因统计系统，国内的癌症登记基本达到了百分百的完备，让其余国家难以望其项背。

研究人员发现，知道自己身患癌症以后，病人心脏病发作以及中风的概率达到了普通人的五倍。最危险的是诊断书下达的第一周，过了这段日子后，概率会逐渐下降。不过，原先的五倍在一年之后，也还剩下三倍。另外，病情越严重，病人心脏病发作或中风的概率就越高，这种无望的前景将增加病人心脏病发而死的概率。

但研究人员也发现，不同的人承担的风险存在差异。举个例子，跟老人相比，青年便承担着更大的风险。拿到癌症诊断书的前四个星期，不满 55 岁的人死于心血管疾病的概率升至原先的 11.9 倍，而 65 岁至 74 岁的人只升至原先的 5.2 倍。但各个年龄段的情况都说明，对病人来说，这种噩耗带来的死亡威胁与穿着用毛发制成的拖鞋的刺客同样真切，这点永远都不会改变。

心碎致死

瑞典这项研究成果，从某种意义上说并不会让人感到惊讶。研究人员在最近数十年间，已经证明心脏病与绝望之间存在密切的关系。无论基于什么原因，只要一个人觉得活着失去了意义，那这种信念就会变成自我实现的预言。美国有一项重要的研究表明，深刻的绝望会增加致命的心脏病发作的风险。研究还表明，绝望与心脏病互为原因，而不仅仅是彼此关联。相似的结论也出现在了针对荷兰男性所做的一项研究中，即不知道该怎么解决自己的问题，想要“放弃”的人，会有更大可能心脏病发作。

很多时候，心脏病发作都源自爱人去世等情况，甚至是自己的孩子去世等更可怕的极端情绪的冲击。亚利桑那州图森市有位名叫卡伦·鲁昂-瓦尔的呼吸治疗师，她于2004年收到一个噩耗，也是为人父母最可怕的噩耗：她的儿子罗伯特·奥利佛·昂鲁，时年25岁的职业军人在伊拉克死于敌方的炮火。她的朋友说，得知此事后，她不停地痛哭。她看见了儿子的尸体，几个小时后，时年45岁的她便在厨房永远地倒下了。她在医院的上级说，尽管根据验尸报告，鲁昂-瓦尔女士的死因是心脏骤停，但她此前从未患过心脏病。她是心碎致死，她的家人对此坚信不疑。

这种观点毫无夸大成分。

最近，丹麦和美国的研究表明，母亲会因自己孩子的死亡身陷痛苦，在接下来的数年内跟随孩子死去的风险将大大增加。在美国，孩子去世后，母亲死亡的概率将在两年内升至原先的3倍。这种概率会在两年之后降低，即便如此，身陷痛苦的母亲死亡的概率也达到了原先的1.22倍。相似的倾向也出现在了失去伴侣的人身上。很多研究表明，失去伴侣的人，不管是男是女，在一年内死亡的概率都会比原先高，且死因多是罹患心脏病。

约翰·霍普金斯大学[①]医学院的心脏病学专家伊恩·维特斯坦说："有人问我，人有没有可能死于心碎，我的答案是……肯定有这种可能。"

2005年，维特斯坦及其同事在《新英格兰医学杂志》上发表了一篇文章，谈到了19个病人，他们之所以被送到医院，都是因为极端的情绪引发的胸口痛或心脏衰竭，但他们并没有冠状动脉疾病。他们将这种疾病称为"应激性心肌病"，但其还有个"心碎综合征"的名称更加通用。很多情绪都能引发这种疾病，悲伤是其中最突出的。这种病例在维特斯坦医生这篇文章发表后，在全世界范围内出

① 美国著名私立大学，拥有世界顶级的医学院。——译者注

现了 1000 多例，另有几百篇相关文章发表在了报刊上。

有 80% 的心碎综合征病人都是绝经的女性，至于为什么会这样，现在还不清楚。跟我们一般认为的相比，这种疾病出现的范围也许更加广泛，不过其影响范围尚不明确。大约 1% 的男性和 7% 的女性心脏病患者，实际患的是压力性心肌病。这两种疾病都有胸口痛、乏力、呼吸急促的相似病症，被混为一谈也不出奇。但二者有一个很大的区别，就是心脏病的病因是血管被剥落的动脉硬块堵塞，无法再向心脏供给血液，即由堵塞引起的，而压力性心肌病却没有出现动脉堵塞的情况。

既然如此，心碎是怎样杀人的？答案无人知晓。维特斯坦医生认为，可能是应激激素造成了这一结果，当我们处在恐慌、愤怒之类的情绪中时，肾上腺素等强大的化学物质会被释放到血液中。若激素数量很少，就能创造奇迹，让我们做出类似抬起压在别人身上的车这种超出常人的壮举。不过，激素迅速增加，会带来比好处更多的坏处。维特斯坦医生的病人体内的应激激素数量惊人，有时能达到正常人的 30 倍。钙会进入心脏细胞，促使心脏收缩、挤压得更加有力。如果突然分泌出大量肾上腺素，心脏细胞得到了过量的钙，心脏就会变得不堪重负。心脏病发作会导致心肌坏死，但在上述情况下，心肌却仅仅是停止了工作，可这已经完全能够杀死病人。

压力、死亡和“9·11”事件

巨大的压力作用于心脏，导致人们死亡的科学案例与传闻，遍布世界各地。2000年，有个13岁的男孩在新罕布什尔州做短途旅行期间，遇到了一头熊，大受惊吓，之后去世了。过了八年，在北卡罗来纳州，一名抢劫银行的歹徒逃到一名79岁的老太太家中，之后，后者心脏病发而死。压力同样会作用于部分并未直接遭受威胁的人。1991年，以色列被飞毛腿导弹轰炸的前三天，特拉维夫[①]心脏病发的人数同期增长了2倍。同样的情况也出现在了1981年的雅典大地震期间，无故猝死的希腊人大量增加。2001年，“9·11”恐怖袭击事件过后，在距离恐怖袭击地点数百英里的佛罗里达州，一群安装了植入式心脏除颤器的居民接受了检查，他们的心脏居然做出了好像身在恐怖袭击现场的反应。由于心律不齐，需要启动心脏除颤器的病人，在恐怖袭击事件过后的数日内增加了68%。

---

① 以色列港口城市。——译者注

这当然是一种跳跃性变化。不过，启动的并不是佛罗里达州全部的心脏除颤器，只是其中小部分，这点不要忘记。根据研究，大部分病人的心跳毫无异常。同样如此的还有之前提到的几场灾难：在雅典大地震中，不是所有希腊人都猝死了；在以色列被飞毛腿导弹轰炸期间，也不是所有以色列人都倒下了。受其作用的仅仅是少数人，至于余下的人，以前怎样生活，现在还怎样生活。有人能继续生活，有人却选择了放弃，这种区别从何而来？我们很想知道。

沉没还是挣扎

完整的答案我们可能永远无法知晓，但我们能够知晓或者说觉得自己知晓答案的一部分。这部分答案中，最吸引人的部分源自老鼠，而非人。柯特·里克特是其中最大的功臣，他非常喜欢老鼠。

作为约翰·霍普金斯大学的教授，里克特是20世纪最出色的精神生物学家之一。他最早提出并发展了人类体内存在调节行为的“生物钟”的观点，因此你若觉得自己是那种夜间活动的人，或偶尔会受困于长途飞机旅行带来的时差问题，那你就算是受过里克特的恩惠了。

里克特自幼便对工具运作原理很感兴趣，这得益于他的工程师父亲。童年时期，里克特经常把锁或时钟拆开，再组装好，接连耗上几个小时。得到硕士学位，成为教授后，他总是泡在实验室里，做各种各样的实验，还想出了一种巧妙的方法，观察动物的行为。猴子、树懒、河狸等很多动物的行为都曾成为他观察的对象，但要说他最喜欢的动物，还要数老鼠。而全世界最常看到的老鼠——褐鼠，更是他的挚爱。在里克特看来，从很多方面说，褐鼠都能在对人类的研究中替代人类，而且再没有比它们更恰当的替代品了。褐鼠拥有跟人类近乎一样的饮食需求和味蕾构成，总是在同一个地方居住，只是外人很难发现，而且它们非常讲卫生，这跟大家普遍认为的很不一样。

“若有人能赐予我力量，让我创造一种动物，使其成为一切能直接或间接让人类获益的实验的恰当对象，那我也应该创造不出比褐鼠更好的动物。”里克特这样写道。

然而，褐鼠彼此之间也存在差异。从很早的时候，里克特就留意到驯化的褐鼠与野生的褐鼠差别极大。肾上腺是其中一项差异，老鼠和人之所以能承受压力，主要是靠肾上腺分泌的肾上腺素。与驯化的褐鼠相比，野生褐鼠的肾上腺要大很多，甚至能达到前者的 3 到 8 倍。野生褐鼠若失去了肾上腺，便会彻底失去生存的能力。换成驯化的褐鼠，却不会受到太大影响。卵巢、睾丸这类关键的性腺，同样是二者的差异所在。野生褐鼠若被阉割，不会受到太大影响。换成驯化的褐鼠，却会变得萎靡不振。不管遭遇什么，驯化的褐鼠都比野生褐鼠反应更加柔弱且平和，不过，也会表现出更强的适应能力，对此里克特很感兴趣。

20 世纪 50 年代，里克特做了一个实验，按照现在的标准来看非常残忍。他将 12 只驯化的褐鼠分别放到钟形玻璃瓶中，每只瓶子都放了半瓶水，观察这些褐鼠将如何在水里挣扎。观察褐鼠会在放弃并溺毙之前，挣扎多长时间，便是本次实验的目的。里克特观察到，第一只褐鼠起初在水面上拼命挣扎，片刻过后，便潜入水底开始兜圈子，并借助鼻子探究玻璃瓶壁。

里克特记录道："它潜入水中两分钟就淹死了，再也没能潜回水面上。"同样的死亡过程也出现在了另外 2 只褐鼠身上。但余下的 9 只褐鼠在放弃并溺毙之前，接连挣扎了数日，要让它们放弃可不是易事。

随后，克里特又用野生褐鼠做实验。众所周知，野生褐鼠很擅长游泳。里克特选择的实验对象又是最活跃的那种，这些刚刚被捉住的家伙全都非常凶悍。被囚禁时，它们反应强烈，且时刻都在想方设法逃离。里克特把这些野生褐鼠分别放进水里，34 只野生褐鼠在下水后短短几分钟内，全部淹死了，里克特大吃一惊。

"这些褐鼠的死因是什么？这些野生褐鼠如此狂野、好斗，却迅速溺毙，反观驯化的褐鼠，却只有很少的几只是这样的，这是什么原因呢？"里克特很困惑。

里克特的回答只有两个字——希望。野生褐鼠与山姆·舒曼以及传教士的助手罗布有着相同的认识，就是自己必死无疑，找不到生路。

"褐鼠在这种情况下，无力反抗或是逃亡，只剩下绝望。在这样的处境中，它们什么都做不了……索性彻底'放弃'。"里克特这样写道。

随后，里克特对这个实验做了改动，把另外一些情况相似的野生褐鼠放到水中，在它们放弃之前把它们捞上来，过一会儿再放到水中。“没过多久，褐鼠便意识到，当下的处境并非毫无希望。”里克特写道。

这一小小的改动带来了巨大的差异，跟之前实验中的褐鼠相比，曾在短时间内摆脱困境的褐鼠坚持的时间更长。在体验过死亡逼近的感受后，它们都以让人吃惊的速度复原了。[①]

里克特写道：“一旦褐鼠了解到，可能出现转机，有人会帮助自己，自己并非注定只有一死，即它们得到了一个理由，继续游泳，它们就会这样做。不放弃，活下去。要让褐鼠活下去，就要消除它们的绝望。”

① 里克特在1957年指出，褐鼠这种情况就跟传教士的助手罗布一样。被捞出来以后，褐鼠“只过了短短几分钟，就从相信自己必死无疑变得跟原先一样活跃、好斗了”。——原注

行尸走肉

人自然有别于老鼠，在生理和解剖方面，二者存在显著区别。胆囊、扁桃腺、拇指，这些老鼠都没有。但人类和老鼠却有着非常相似的行为，遭遇困境时尤其如此，这点用不着回顾很多历史事件，我们就能了解。二战期间，有几百万犹太人沦为纳粹的囚徒，其中有个名叫布鲁诺·贝特尔海姆的青年，他是从澳大利亚来的。二战过后，他成了一位有名的心理医生，还曾受伍迪·艾伦[①]之邀，客串了其电影《变色龙》。1990年，贝特尔海姆去世。在1938年到1939年这段时间，他曾被囚禁于达豪[②]和布痕瓦尔德[③]的纳粹集中营中。事后，他表示自己由此学到了很多。

① 伍迪·艾伦（1935年—），美国著名导演，代表作有电影《安妮·霍尔》《午夜巴黎》等。《变色龙》是他在1983年执导的一部电影。——译者注

② 位于德国慕尼黑附近的一座小镇。1933年，首个纳粹集中营在此建立，有大约3万人在其中遇害。——译者注

③ 1937年，纳粹在德国小城魏玛附近建立了布痕瓦尔德集中营，也是纳粹最大的劳动集中营，有大约5.6万人在其中遇害。——译者注

贝特尔海姆在自己的代表作《被启示的心灵》中，提出了一个跟里克特的困惑相对应的问题。贝特尔海姆这样写道："问题是，在集中营，部分囚犯幸存，部分囚犯被杀，另有大量囚犯死因不明，这是为什么？"

贝特尔海姆说，根据统计数据，集中营的死亡率从20%到50%不等。然而，总的死亡率都具有误导性，他这样表示。

"布痕瓦尔德集中营每年死去的人，有一半都死得很快，这点显而易见。"贝特尔海姆借助某些不够准确的估测方法，对刚刚进入集中营的囚犯在初始阶段，特别是第一个月的死亡率做了统计，发现平均一个月能达到15%。

贝特尔海姆认为，之所以会这样，是因为囚犯能不能掌控自己周围的环境，这种能力不是身体方面的，而是心理方面的。党卫军会极力剥夺他们的这种能力。举个例子，党卫军若想让集中营中除犹太人以外的群体，比如挪威人等保住性命，效忠于德国，就会向其承诺，其行为会对其日后的命运造成影响。而党卫队若想消灭犹太人、乌克兰人等群体，只需向他们明示，他们必然会被处死，他们干活再努力，再会迎合纳粹，都没有用。

"他们通过毁灭个人自主性或预测自己行为结果的能力，毁灭了个人行为的所有目的。"贝特尔海姆这样写道，很多囚犯之所以丧失求生的意志，原因就在于此，"党卫军反复表示，这些囚犯毫无希望，他们要想从集中营出去，必须先变成一具尸体。囚犯们认为这是真的，认为要凭借自己的力量改变这种处境，根本不可能。从某种意义上说，他们已经变成了行尸走肉”。

贝特尔海姆又谈到，“行尸走肉都会迅速死去”，不管其余人怎么称呼他们都是如此。

习得性无助

贝特尔海姆描绘的这种行为模式，跟“习得性无助”非常相像，这个有名的概念是由美国心理学家马丁·塞利格曼提出来的。把狗放在分隔的箱子里，对其进行电击，观察其反应。在此基础上，塞利格曼和他在宾夕法尼亚大学的同事共同提出了“习得性无助”的概念，当时是20世纪60年代。实验中的箱子被一道很矮的墙隔成两半，一半带电，一半不带电。将一些狗放进带电的一侧，其中部分狗能跳过这道墙，躲到不带电的那一侧，部分狗则不能。后者会怒吼、哀号、失禁，可这些都无法帮它们摆脱电击。它们很快停止了尝试，不再有任何逃跑的企图。这些狗在几次实验过后，产生了彻底的无助。这些无助的狗会不断跳到中间那道墙上，可它们好像并未吸取经验，跳过那道墙。实验再度开始后，它们又会受到电击。

为了鼓励这些狗跳到不带电的那一侧，塞利格曼及其同事做了如下尝试：在不带电的那一侧呼唤这些狗过去，拆掉中间的墙，把肉放到不带电的那一侧。

塞利格曼说：“一点用都没有。”这些狗已经放弃了所有希望。

习得性无助的概念从这时开始变得非常受欢迎，部分原因在于，其症状与抑郁症这种现代疾病吻合。而抑郁症又跟心脏病等西方国家认为的人类健康的主要杀手关系紧密。可是个人精神状态如何作用于身体，甚至导致死亡，即上述关系产生的原因，却很少有人了解，这种状况直到最近才发生改变。精神和身体在传统的西方医学中始终是分开的。1985 年，《新英格兰医学杂志》发表评论，驳斥了一篇认为大脑与免疫系统相互之间也许存在关系的文章，称这篇文章为“乡间传闻”。

然而，罗彻斯特大学的医药与口腔学院的实验心理学家罗伯特·阿德尔医生，却做出了不同的证明。他和同事尼克拉斯·寇恩医生为找出老鼠在味觉方面的好恶，用糖精掺水做实验，竟有了让人惊讶的发现。他们把实验的老鼠分成两组，喂它们喝下糖精水，然后只为其中一组注射能引发胃痛的药物。这些经历过胃痛的老鼠之后拒喝糖精水，就算不为它们注射药物也是一样。在此之前，实验人员便预料到了这样的结果。随后，他们利用滴眼液的瓶子，迫使这些老鼠喝下糖精水，这些老鼠竟然因此丧命，这是大家事先没有想到的。

这些老鼠的死因是什么？寇恩和阿德尔疑惑不解，里克特也有过相同的疑惑。寇恩和阿德尔觉得，是引发胃痛的药物环磷酰胺导致了这些老鼠的死亡。在引发胃痛之余，环磷酰胺还有抑制免疫系统的副作用。研究人员一开始怀疑，是注射环磷酰胺过量，导致了老鼠死亡。不过，由于为老鼠注射的剂量太少，根本不会对免疫系统造成影响，该观点马上被推翻了。

最终，他们提出了这样一项理论：老鼠单是品尝到糖精水的甜味，就会像被注射了过量环磷酰胺一样，发出神经信号，抑制自身免疫系统，最终，老鼠感染了细菌和病毒，因此丧命。这项理论在之后的实验中，被证明是成立的。

简而言之，这些老鼠误认为糖精水与环磷酰胺是一样的，最终死于这种自我欺骗，就跟山姆、舒曼没有区别。反安慰剂的力量由此得到了生动的展现。

KIDDING OURSELVES:
THE HIDDEN POWER OF SELF-DECEPTION

第二部分

在旁观者眼中：感知、期望和迷信的魅力

第四章

期望

欣赏一场比赛时，怀有偏见之人看到的只会是自己期望看到的。

——瑞德·史密斯《纽约先驱论坛报》

阿尔弗雷德·希区柯克是我的偶像。所有好莱坞趣闻中，我最喜欢的是这位传奇电影导演最爱的女主角之一格蕾丝·凯利[①]和她的胸部的趣闻。

多年以前，凯利曾拒绝出演《码头风云》，无缘与马龙·白兰度合作。之后，爱娃·玛丽·森特[②]顶替了她的角色，因此得到了奥斯卡奖。那时候，凯利答应出演希区柯克1954年的悬疑电影《后窗》，跟詹姆斯·史都华合作。凯利才拍完希区柯克的《电话谋杀案》没多久，两人合作默契，对彼此的评价都很高。然而，之后在一次采访中，凯利却提到自己和希区柯克在拍摄《后窗》期间，因为自己的穿衣打扮发生了小小的冲突。

“我在现场穿着一件薄薄的睡袍，为一场戏排练。希区柯克跟伊迪丝·海德——我们的服装设计师说：‘看，胸部看起来不太好，需要垫点东西。’说这话时，他紧贴

---

① 格蕾丝·凯利（1929—1982），美国著名女星，希区柯克的御用女主角之一，两人曾合作《后窗》《捉贼记》《电话谋杀案》等电影。1956年，凯利跟摩纳哥的雷尼埃亲王结婚，成为摩纳哥王妃。——译者注

② 爱娃·玛丽·森特（1924—），美国著名女星，1954年凭借《码头风云》获得奥斯卡最佳女配角奖。——译者注

在伊迪丝耳边，因为体贴的他不希望我听到后感到不快。我和伊迪丝一起来到我的更衣室，伊迪丝说：‘希区柯克先生很担心，这件睡袍不应该出现这种褶皱，他想让我加上胸垫。’

“我说：‘加上胸垫，别人会看出来的，你不能这么做，况且有胸垫的衣服，我无论如何都不会穿。’伊迪丝说：‘那这件事该怎么处理呢？’我们两个只能在睡袍上又拉又拽，我尽可能站直身体，最终也没有加上胸垫。等我回到摄影棚时，希区柯克看着我和伊迪丝说：‘看出区别来了吧？’”

好像真的加了胸垫一样。

但期望的确跟我们看到的胸垫一样，实际并不存在。此前半个世纪的研究都认同，期望是一种巨大的力量，能够对身体和精神发挥作用。期望作用于我们的感知，就像地心引力作用于光，使其弯曲，能被测量出来，却无法感受到。除了能轻易看到自己期望看到的事物，我们还能轻易感受到自己期望感受的事物。期望的确能带来区别，就像希区柯克那样。美国国立精神卫生研究所1980年组织了一次大型研究活动，研究对象是抑郁症药物和心理治疗在多个地区的治疗效果。病人在接受治疗前，都会被问及：“你认为自己将得到怎样的治疗效果？”心理学家欧文·基尔希表示，以病人的回答为依据，可对疗效做出预测。期望自己的病情会有起色的病人，会得到最好的治疗效果。没有这种期望的病人，会得到最差的治疗效果。

我们内心的布兰奇·杜波依斯

对某些方面的固有看法会让我们对其产生期望，这种期望将阻挠我们看清楚事实，就像给我们戴上了有色眼镜。我们在自己的头脑里构造了一种叙事类型，我们看事物的方式因此受到蒙蔽，经常将事物置于沉重的阴影中，难以分辨想象中的光明与黑暗。我们变得好像田纳西·威廉姆斯[①]的经典戏剧《欲望号街车》的女主角布兰奇·杜波依斯。

布兰奇说："我不想要现实，我想要魔法！是的，是的，是魔法！我试图把魔法带给世人。在他们面前，我将真相扭曲。我会跟他们说，什么应该是真理，但我不会直接说出真理。"

我们也倾向于做相同的事，我们会说什么应该是真理。然而，我们对自己这种做法往往毫无察觉，这便是我们跟布兰奇的区别所在。举个例子，回想自己高中时期的学习成绩，我们之中的大部分人都会高估自己。（在一项研究

① 田纳西·威廉姆斯（1911—1983），美国剧作家，代表作有《欲望号街车》《热铁皮屋顶上的猫》等。——译者注

中，记忆中的成绩比当初的真实成绩低的，仅占了全体研究对象的 10%，其余研究对象记忆中的成绩，都比真实成绩“显然要高出一截”。）看到一组自己被修改过的照片，我们也不会倾向于选择其中未经修改、更贴近真实的照片，而会倾向于选择修改得更好看的照片。

期望世界能跟自己的思想相符的念头，有时会变得如此强烈，以至于本末倒置，让我们的感知不再被外部环境作用，而变成被期望作用。在问及世界各国人民社会财富的分配状况时，来自哈佛商学院的教授迈克尔·诺顿及其同事丹·艾瑞里发现了相同的情况。被询问的对象给出了跟布兰奇·杜波依斯相同的答案，在他们看来，自己觉得社会财富应该怎样分配，其实际就怎样分配，也就是什么应该是真理。

由始至终，美国人都觉得财富分配比实际更平均。由此可见，美国人之中的大部分都认为，平等主义应成为社会财富分配的依据。例如诺顿的研究显示，被询问者给出的答案平均值是，美国占总人口 20% 的最富裕阶层占有的财富略超过财富总数的 60%。但实际却是，占总人口 20% 的最富裕阶层，占有的财富超过了财富总数的 80%，不平均的程度远超过上述数据。这并不是特例，这种错觉出现在了各个财富分配阶层，且被询问者都倾向于觉得财富分配比实际更加平均。诺顿询问的对象表示，美国占总人口20%的最贫困阶层占有财富总数的3%。这个少得可怜的数字还是太多了，实际情况是美国占总人口20%的最贫困阶层仅占有财富总数的0.1%，相当于3%的1/30。[①]

① 包括最富裕和最贫困阶层在内的全体美国人，都期望能更加平均地分配财富。（他们表示，占总人口20%的最富裕阶层应占有30%的财富，占总人口20%的最贫困阶层应占有10%的财富。）至少，全体美国人在这方面达成了统一的观点。至于加拿大人和澳大利亚人，也都对财富分配持有近乎相同的观点。——原注

自我实现的幻觉

若这种误会仅仅是鸡尾酒会上的闲聊，那世界的情况并不会因为我们继续闲聊而恶化。不过，期望却是另外一回事。期望会导致行动，哪怕我们对期望的存在并无感知也是一样。近来，耶鲁大学的一项研究显示，更换一名科学家简历上的名字，从约翰换成詹妮弗，仅仅是这样，已经完全能够导致旁观者对这名怀有远大抱负的科学家的简历评价降低，无论旁观者是男是女都是如此。而我们对这些期望的内化，我们如何看待别人和自己，都将受这些期望影响，这点才是更糟糕的。举个例子，若要求在标准化数学测试中标注考生性别，女性考生的成绩便会低于男性考生。可若是女性考生被告知，在这类测试中，她们能跟男性考生有同样出色的表现，那她们的成绩便会提升。

期望甚至会让世人心目中的公正之人动摇。棒球裁判员会偏袒那些知名的球员，学校老师会偏袒那些明星学生——至少在老师心目中，这些学生都是明星。棒球裁判员对投手的成见，会影响他们对投手现场表现的评价。他们会倾向于把优秀投手投出的坏球判定为好球。坏球被误判成好球的概率，在全体投手中本应是相等的，但这是理想世界才会出现的状况。实际上，最近有研究显示，知名投手遭遇上述情况的概率远超过其余投手。[①]

教师的观察力同样会因期望戴上有色眼镜。若这种情况会引发某种后果，那这种后果会更让人失望。有一项很有名的研究，测试一群孩子的智商，测试结果不能给孩子们看，却要交给他们的老师，并附加测试结果表明孩子拥有何种潜质的说明。这看似是一项非常好的研究，实际却是彻头彻尾的谎言，处心积虑策划的结果，至少其中大多数构成是这样的。“天赋很高”的孩子实际测试结果都平平无奇，根本谈不上高天赋。可是这种期望已经深入教师的内心，他们很快就开始用“好奇心不够旺盛”“对学习缺少兴趣”这样的评语，评价那些所谓“天赋平平”的学生。学生们好像也被这种评语影响了，这点更让人担忧。而与其余孩子相比，那些所谓“天赋很高”的孩子在第二次智商测试中有了很大提升。自我实现因期望成了真。

① 扬基队刚刚退役的投手马里安诺·李维拉应该是棒球历史上最出色的救援投手。跟美国职棒大联盟的其余所有投手相比，他遭遇这种情况的次数是最多的。他投到好球带以外的坏球被误判为好球的概率达到了 14.3%，占了总数的 1/7 左右。——原注

视而不见

桑德尔·鲍劳奇考伊是加拿大埃德蒙顿的居民。2008年8月29日，77岁的他骑着自行车去外面玩。途中，他调转方向，开始朝南进发，正准备从111路的斑马线上穿过去时，被一辆车撞死了。肇事司机一直没有发现鲍劳奇考伊，直至后者撞到了他的汽车挡风玻璃上。

事故发生后，33岁的肇事司机试图解释此事："我怎么会没看到他，我自己也搞不清楚。我的确留意了路况，可一点都没留意到他。"

车祸过后，肇事司机经常会这样说。通常说来，他们没有留意都是因为摆弄收音机、发短信、做白日梦之类会分散注意力的事，有很多事都能在开车的同时兼顾。这些原因都非常现实，但司机的期望这项原因却总是会遭到忽略。在上一节中，我们曾提及感知会受期望影响，我们看到的往往是自己期望看到的，包括出色的投手投出好球，聪明的学生有出色的表现等。

反过来也是一样，我们不期望看到的，往往看不到。司机经常撞到走路的人、骑摩托车的人、骑自行车的人等，只是因为司机对这些对象没有期望，而不是因为这些对象很隐蔽，实际刚刚相反，这些人所穿的衣服多半非常醒目。司机没能发现他们，无关视觉，是缺少期望的结果。

你若对此心存疑问，可以问问自己，你更容易在行人和骑自行车的人很少的地方还是很多的地方撞到他们？

不少人包括我在内都会根据常识判断，车祸更易发生在这两种人很多的地方。然而，实际却刚好相反，很多研究已经证实了这一点。根据平均一百万公里的路程中，行人和骑自行车的人被汽车撞死的数量，美国加利福尼亚州一位研究人员计算出了行人和骑自行车的人被汽车撞到的概率。除加利福尼亚外，这位研究人员也对欧洲一些城市做了研究（这部分是因为选择走路和骑自行车这两种交通方式的人，在不同的国家差别显著，比如美国为 6%，荷兰为 46%）。

研究表明，汽车撞到路人和骑自行车的人的概率，会随着这两种人的数量增加而减少。瑞典一座城市中有大量自行车通行的十字路口，自行车被汽车撞到的概率，仅为少有自行车通行的十字路口的一半。此外，自行车被撞的概率会在十字路口平均一小时通行的自行车超过 50 辆时，开始下降。

该结果并非瑞典独有的。从十字路口到城市，乃至国家，各种规模的社区都是如此。从中都能得出相同的结论，即汽车撞到行人和骑自行车的人的概率，会随着这两种人的数量增加而减少。研究人员认为，个人感知与期望相互作用，是对这一结论最合理的解释。司机是否会期望看见行人和骑自行车的人，决定了他们能否留意这两种人，期望越低，对这两种人视若无睹的可能性就越大。

连利用眼睛谋生的人，都可能被这种致盲效果作用。丹·西蒙和克里斯·查布里斯两位大学教授，多年以前做了一个实验，这个实验之后变得非常有名。他们组织一群学生像打篮球比赛一样传球，并为这一过程录了像。他们还安排一名女生穿上大猩猩的服装，走到这些球员中间，停下来冲着摄像机拍打自己的胸口，随后离开。在录像中，这名女生一共出现了 9 秒。接下来，研究人员为不知内情的观众播放了这段录像，最后问他们是否发现录像中有什么异常，比如一只大猩猩从球场经过，结果发现和未发现的观众各占了一半。

马上来到 2013 年，另外一组研究人员将西蒙和查布里斯这项实验稍作改变，又做了一次。研究人员找来一些专家作为观众，不再像之前那样选择普通人。这些专家已经锻炼了自己的感知力很多年，能轻而易举从特殊图片中发现异常，他们实际上是一群放射科医生。

研究人员找来做实验的放射科医生，总共 23 人。他们被要求找出五张 CT 扫描图中的癌性肺结节。其中最后一张图片被研究人员做了手脚，医生们却一无所知。研究人员将一只大猩猩的形象加入了这张图片，而这完全不符合放射科医生的期望。这只大猩猩并不算小，跟普通的肺结节相比，大了 45 倍，相当于一个火柴盒那么大。实验的结果跟大多数人预想的不一样，大多数人觉得情况显而易见，可这些放射科医生却有 83% 都对大猩猩视若无睹。借助对视线轨迹的跟踪，研究人员发现，没发现大猩猩的医生，大部分视线都曾从大猩猩身上扫过。跟直接撞到鲍劳奇考伊的肇事司机一样，他们也没能看到自己不期望看到的事物，哪怕从头到尾，那样事物都没离开过他们的视线范围。

与自己切身利益相关的比赛

人类的感知可以变得非常敏锐。自己被赋予了怎样的力量，少有人能了解。只是凭借身上的气味，做妈妈的就能辨认出自己的孩子。连比细菌都小的小肿块，人类的指尖都能感受得到。

不过，跟自己相关的程度越高，人的敏锐程度反而会越低。很多研究显示，其余人犯了错，我们往往很快就能发现，但我们自己也有相同的不足，我们却总是发现不了。例如，2001 年一项对住院医师的调查显示，觉得同事会受制药公司送的礼物影响的，占了住院医师总数的 84%，觉得自己也会受相同影响的，却只占了 16%。

我们无法在跟自己相关的事情上保持客观。你应该已经有过这种体会了，当你跟朋友们一起欣赏政治辩论或橄榄球比赛时——后者效果更佳——尤其是当朋友们是不同球队的狂热球迷时，若出现了一个失球，就算尚未发现抢到球的是哪支队伍，裁判又打算做出何种重要裁决，朋友们也会马上指向不同的方向，他们会针对一名球员出界与否，做出截然不同的判断，他们正在欣赏的似乎是截然不同的比赛。他们看到的比赛，从某种意义上说的确是截然不同的比赛。

1951年11月的一场比赛能作为这种现象的代表。这场比赛发生于普林斯顿大学和达特茅斯学院之间，是史上最经典的大学橄榄球球赛之一。不要笑。那时候，常春藤联盟[①]有很多优秀的球队和球员，其中，普林斯顿队有传奇后卫迪克·卡茨迈尔，他是史上最优秀的球员之一。卡茨迈尔去世于2013年，他的人生经历跟电影《追梦赤子心》里的鲁迪差不多。他原本在俄亥俄州生活，是吹小号的，体重155磅[②]，后来到了普林斯顿队，成了了不起的球星。他打破了学校的各种纪录，并获得了只有全美年度最优秀的大学球员才能获得的海斯曼奖，常春藤联盟的其余所有球员都没获得过这种殊荣。卡茨迈尔如此强大，以至于对手球队的教练曾说过，击败普林斯顿队并非难事："只要拦住卡茨迈尔即可。"

达特茅斯学院便采取了这种做法。1951年11月的那

① 常春藤联盟是美国东北部八所一流的大学共同组成的体育赛事联盟，这八所大学分别是哈佛大学、宾夕法尼亚大学、耶鲁大学、普林斯顿大学、哥伦比亚大学、达特茅斯学院、布朗大学和康奈尔大学。——译者注

② 磅是英美的重量单位，1磅大约相当于0.45千克。——译者注

天下午，在普林斯顿大学帕尔默球场举行的那场球赛，以当时的评价标准来看都相当残酷。达特茅斯队的球员将卡茨迈尔团团围住，痛打了一顿。到了第二轮，卡茨迈尔已被打得断了鼻梁，并且脑震荡了。他倒在地上，之后被送出球场，从此退出了普林斯顿队。[①]到了第三轮，普林斯顿队开始报仇，打断了达特茅斯队一位球员的腿。整整一个下午，这种残酷的举动一直没有停止过。普林斯顿队最终取胜，比分是 13∶0，不过，这好像已经不重要了。全国上下都在关注这场残酷的比赛，逼迫双方道歉。

两所大学的校报也都谴责对方行为恶劣，打起了笔战。普林斯顿大学校报的一名编辑写下了这样一句话："这种行为让人恶心，大家居然还厚着脸皮称其为'运动'，真是闻所未闻。"但普林斯顿队并非过错方，"一切相关责任应由达特茅斯队承担"。位于汉诺佛市的达特茅斯学院校报也在同一时间指出，比赛进行到第三轮时，"的确有点失去控制"。但校报还指出，"普林斯顿队球员粗暴犯规的次数，占了大部分……"

达特茅斯学院和普林斯顿大学的这场比赛，跟其余各

---

①　这场比赛还有几秒钟结束时，卡茨迈尔又回到了球场，之后就再没进过球场。很多职业球队向他发出邀请，都被他谢绝了。后来，他选择了去哈佛商学院读书。——原注

种争议一样，为研究实际生活中的人类感知，创造了机会。所以达特茅斯学院的阿尔伯特·哈斯托夫教授，以及普林斯顿大学的哈德利·坎特里尔教授，都决定对这一机会加以利用。那一天，两支球队的观众显然都在观看同一场比赛，可他们究竟看见了什么？

两位教授为解答该问题，拿到了那场球赛的录像带（这绝非易事，毕竟当时还没有美国娱乐与体育节目电视网）。他们先是让两所大学的学生观看录像带，之后又要求他们把自己看到的写在一份答卷上。普林斯顿大学的学生看到，跟本校球员相比，达特茅斯学院的球员犯规次数多了一倍。达特茅斯学院的学生却看到，跟本校球员相比，普林斯顿大学的球员犯规次数多了一倍。而双方看的录像带是一样的。写答卷时，有没有去现场看过那场比赛，对学生们的反应没有任何显著影响。明明看的是相同的录像带，两所大学的学生却并没有“看到”相同的比赛。

两名教授由此发现，橄榄球比赛是由一系列事件共同组成的，跟其余复杂的社会现象没有区别。个人会把“对自己相对重要的”事件，从这一系列事件中挑选出来，即人们挑选的都是自己关注的事件，可这种影响却极少被观众留意到。

感知和底线

同类状况在坎特里尔与哈斯托研究发表后的60年间不断出现。**当一件事的结果关系到我们的利益时，我们看待这件事的方式好像就会因此受到影响，无论这种关系密切与否都是如此。**比如观看本校球员比赛的学生，又比如收下制药公司送的咖啡杯，帮其开处方药的医生。**我们解释信息的方式，此时都会受到个人利益的影响。**

比如与把前列腺癌样本送到独立实验室检验的医生相比，泌尿科那些能从亲自检验中得到更多好处的医生，进行这类检验的次数更多(如果你想了解,我可以告诉你,不,检验更多并不意味着发现的癌症病例也更多，实情正好相反。亲自检验的医生平均每次进行前列腺切片检验时，要多用72%的样本，相关费用将由联邦医疗保险计划支出，而跟把样本送到独立实验室检验的医生相比，他们发现前列腺癌的比例却要低一些)。

心脏科医生的情况也基本一样，因此这并非故意针对泌尿科医生。《美国医学协会杂志》2011年刊登了一项研究，在将医生特长等可变因素排除在外后，跟不能从检验中得到好处的医生相比，能从检验中得到好处的医生为病人做检验的概率高了一倍。

这种倾向同样存在于其余职业领域，因此这同样不是故意针对医生。以药物推销员为例，在我写下这句话时，美国的药物推销员总人数为6.5万左右。在电话中说服医生开某种处方药，就是他们工作的内容。发表在《美国医学协会杂志》上的另外一项研究显示，如果药物推销员的说明背离了实情，结果会怎样。对此，你有何看法？所有这种虚假说明都是为了卖出更多的药，这些推销员可能做错了，但他们的方向是赚更多钱，这点却是正确的。

你会质疑自己口袋里的钱会因此被抢走，你的质疑是有道理的。以你的退休金为例，这也许是你一生之中得到的数量最多的一笔钱。有很多人都用这笔钱投资了401（k）计划[①]，可能你也是。就算你在决定投资401（k）的哪个项目之前，对其中所有投资项目都有了彻底的了解——这是大部分人都不曾做到的，但在被问及谁是你的401（k）计划受托人时，你多半还是不知道该怎么回答。

这是个相当重要的问题。投资过程中，你的401（k）计划受托人，即投资公司，从理论上说是不应偏心的。这

① 美国一种特殊的退休储蓄计划，因为能得到税收优惠，受到了很多人的欢迎。——译者注

是法律规定的受托人的责任，你作为投资人，他们务必要把你的利益放在首位。可这些受托人却更偏心于自己的共同基金，哪怕这种基金表现很差也是一样。这些受托人因此显得很不可靠。到了最后，你的利益会因他们的偏心受损。他们将原本应放在首位的投资者的利益，放到了次要的位置上。

美国曾有人检查了401（k）计划在1998年到2009年的表现，估测出这些基金平均每年的获利少了3.6%，这可不是个小数目，在当前这种超低利率时代，就更是如此了。投资时间与成本都是计算复利时不能遗漏的因素。你投资401（k）计划遭受的利益损失该由什么人来负责，至此已经明确了。[①]

《新英格兰医学杂志》1923年刊登了波士顿两名医生提出的治疗百日咳的突破性疗法。百日咳是一种俗称，其作为一种儿童疾病，足以致命。不管在过去还是现在，感染百日咳都是种灾难。不断发作的剧烈咳嗽，以及咳嗽过

① 研究人员发现，“一旦跟受托人建立关系，这些表现很差的基金被列入401（k）计划的可能性就会变大，被从计划中删除的可能性微乎其微”。其实从表现最差的基金中，就能发现基金跟受托人之间是否关联紧密。这类基金若不再牵涉受托人的利益，那其被从计划中删除的可能性马上就会提升2.5倍。（普尔，希亚姆，斯特凡内斯库，2013年）。——原注

后的哮喘，是百日咳的典型症状。患百日咳的孩子脸色会变成红色或是紫色，时常呕吐，有时还会晕倒。症状偶尔会减轻，随即再度出现，咳嗽、哮喘、呕吐，循环往复。生病的孩子将在这种折磨下逐渐筋疲力尽，最终咽气。一百年前是百日咳最猖獗的时期，美国每年死于百日咳的孩子，最少也有1万人。但直至20世纪初期，人们依旧对其病因一无所知，根本无法提供治疗。①

在这篇文章中，两名医生对X射线这种可用于多种疾病治疗的现代医学技术赞美有加。他们很想知道，既然这种神奇的射线能治疗其他疾病，那么对百日咳会不会有疗效。为此，他们找到了26位病人做实验，让这些病人分别接受射线照射，照射程度各不相同，从中得出的结论让他们深感意外。

他们写下了这样的话："X射线让这些病人的病情好转，而这并非巧合，这证明了X射线治疗百日咳的效果也许超过了其治疗其他疾病的效果。"

但他们却找不到这些病人病情好转的原因。两名医生表示，在解释为何会出现这一结果时，"无法找到半点能

---

① 二战结束后，美国感染百日咳的人数下降。1990年，人数又开始不断增加，2005年增加到最高值，为2.5万人，之后又再下降。2008年，美国感染百日咳的总人数仅为1.3万人左右，因此丧命的全都是不满一周岁的婴儿，共计19人（巴卡勒，2010年）。——原注

够成立的原因”。事到如今，我们已经了解，这种原因便是想象。因为X射线恢复健康的病人也许本来就要康复了，完全可以不再接受任何治疗，X射线其实一点效果都没有。但我们能够体谅，两名医生非常期待这种治疗方法能发挥作用，毕竟他们已经见识过那么多因百日咳而陷入悲惨处境的孩子了。这种期望作用于他们的感知，让他们发现了这样一种治疗方法，而其本身并无疗效。

对此，我们很容易感同身受。任何人都会遭遇类似状况，抓紧仅有的一点可能性不放。对一件事的强烈期望，让我们说服自己这件事是真的，至少在一段时间内是真的。你可能一直在努力怀孕，发现自己做测试时，验孕棒上显示出了蓝线。你可能真的觉得自己攒的钱足够退休了。或是你可能觉得上一次参加同学会之前买的裤子，现在还能穿进去。

我们希望其余人能避免受这种幻想影响，哪怕我们自己曾无数次受其影响。我们盼着其余人在穿上黑色长袍或白色外衣，或在佩戴闪亮徽章后，能对自己内心的布兰奇·杜波依斯加以审视。然而，说起来容易做起来难，你养的狗会一直纠缠你，你别想摆脱它，而跟狗比起来，要摆脱希望、愿望、信念，难度更高。

衡量人的错误

我们的最高信仰总会投射出一道很长的阴影，对我们看待、判断周围一切的方式发挥作用，不管这种信仰是宗教、政治、科学，还是三者的综合体(是否有人提及进化？)，都是一样。我们会像达特茅斯队和普林斯顿队的球迷一样，只选择偏向于自己的证据，而这是一种下意识的做法，我们断然不会认为自己真的这样做过。

最直言不讳地批判这种做法的，就有著名的进化生物学家、科学历史学家斯蒂芬·杰伊·古尔德。在2002年去世之前，古尔德是一位著名的作家兼学者，直到现在，他的名作依旧影响广泛。他认为，受偏见作用的科学占了科学总数的大半，特别是科学家对科学所做的判断会被其最高信仰阻挠，他表示，这种阻挠的力度之大，以至于“在科学领域，下意识地篡改数据可能已经成了一种常规做法”。他还向科学领域的同仁发出强烈谴责：“在该职业领域，新的发现要借助身份、权力才能展现并确定下来，大家大肆篡改数据，弄虚作假，而要避免这种无意识或是下意识的做法是不可能的。”

这种指控非常严重，指控者又是古尔德这种杰出的科学家，就更说明了其严重性。如果他说的是真的，那科学和科学家便成了整个局势的操纵者，无法再得到大家的信赖。

古尔德选择了19世纪一位知名度不算高的人类学家塞缪尔·乔治·莫顿，来证明自己的观点。在其生活的年代莫顿被视为科学客观性的支柱，可到了现在，已经很少有人知道他的名字了。1839年，莫顿在广泛测量了自己收集的人类头骨后，发表了一篇名为《美洲人头骨》的论文，他的名声多半来源于此。他的初步分析显示，跟黑种人头骨的脑容量相比，白种人头骨的脑容量要大很多。白种人的脑容量平均值为87立方英寸，占据首位。美洲土著人的平均值为80立方英寸，占据其次。非洲人的平均值为78立方英寸，排在最后。[①]

古尔德认为，这些测量数据跟莫顿的种族信仰，即白种人和黑种人分别占据最高和最低的地位，达到了绝对的吻合，这种吻合完美得过头了，为此，古尔德亲自对莫顿

① 1839年，莫顿的初步评估数据就是如此，当时他采用了用种子填满头骨的方式测量。之后，他将种子换成了铅弹。1849年，他又发表了一组数据，跟之前稍有区别：白种人的脑容量平均值为92立方英寸，黑种人的脑容量平均值为83立方英寸，美洲土著人的脑容量平均值为79立方英寸。——原注

的测量数据做了分析。1981 年，古尔德在自己的获奖书籍《测量人的错误》中指出，莫顿以科学家的身份，犯下了极端严重的罪行，为了让测量数据跟自己对不同种族的偏见吻合，对这些数据进行了篡改。

“总之，莫顿的成就说穿了就是捏造、欺骗、拼凑的结果，目的就是为自己的最高信仰提供证明。”

借助自身偏见，莫顿捏造了所谓的真相。古尔德说，莫顿的理论在剔除捏造、欺骗的部分后，便彻底站不住脚了——人类各个种族都拥有相同的脑容量。

但古尔德还有个问题没能解决。

他写下了这样一番话：“但是能证明莫顿故意造假的证据，我却没能找到，再没有比这更有意思的了。我唯一了解的是，他的种族信仰如此强大，以至于可以引导他的测量数据走上预先设定的路线。”即莫顿捏造了数据是事实，但他并非故意的。一种潜移默化的强大力量歪曲了他的判断，这种力量作用于人的内心，一点痕迹都没有，一如亚当·斯密“看不见的手”作用于市场。

古尔德的书成了经典。之后在现代图书馆列出的历史上排名最靠前的 25 部非虚构类书籍中，这本书榜上有名。古尔德因此得到了更多赞赏，莫顿却为好几代大学生和科学家树立了反面典型。60 岁那年，古尔德离开了人世，《纽约时报》评价他是“20 世纪影响最大的进化生物学家之一，也许是继达尔文以来，知名度最高的……”

这种情况维持了很多年。可是在《测量人的错误》出版30周年，即2011年时，古尔德与莫顿的争议被重新审视，审视者是斯坦福大学、普林斯顿大学等顶尖机构的多位人类学家。他们对莫顿收集的头骨重新做了测量，而古尔德

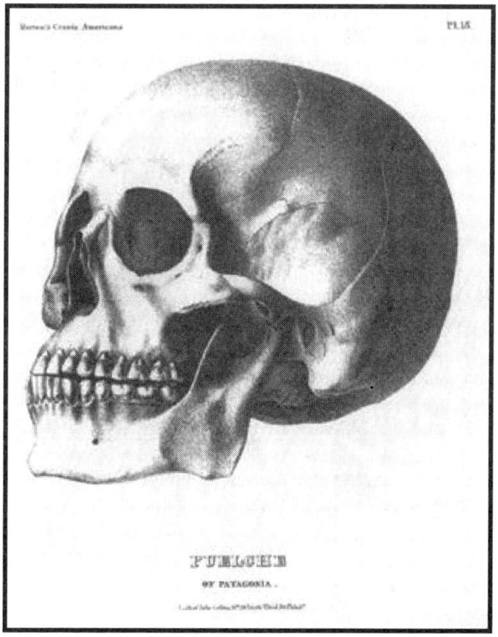

塞缪尔·乔治·莫顿的美洲土著人头骨

却没有这样做过，这成了关键所在。（古尔德仅仅是批判了莫顿的测量数据，并未对莫顿收集的头骨做过测量。）与此同时，研究人员还分析了莫顿的测量数据，重新审视了古尔德的个人评价，这些评价最近才对外公开，之前一直淹没在大量档案中。

莫顿的测量数据的确被篡改了，研究人员得出了跟古尔德相同的结论。不过，他们随即爆料，是古尔德而非莫顿篡改了这些数据。研究人员发现，莫顿采用了“非常正确”的方法做实验，实验数据“大致可以信赖”，他并未对其进行篡改。简而言之，“莫顿并未为了证明自己的偏见，篡改相关数据”，这便是研究人员得出的结论。

古尔德却为了证明自己的偏见，对数据做了篡改。

研究人员表示：“古尔德对莫顿所做的分析，很有可能是偏见影响结果更具代表性的案例，这点颇具讽刺意味。”

跟希区柯克一样，古尔德看见了自己期望看见的结果，自我欺骗。

KIDDING OURSELVES:
THE HIDDEN POWER OF SELF-DECEPTION

第五章 虔诚的信徒

只因为信仰不再真实，就要将它舍弃吗？

——罗伯特·弗罗斯特

我们从古尔德和莫顿的争议中了解到，要彻底铲除错误的信念是很困难的，这是一个重要的教训。其在罗胡斯·米施身上得到了体现。最近，我读到了罗胡斯·米施的讣告，他是阿道夫·希特勒的保镖，去世于2013年，享年96岁。当初进过希特勒地堡[①]的那些人，只有他活了下来。希特勒死前，他一直陪伴在希特勒身边。希特勒和爱娃·布劳恩[②]匆忙举行婚礼，以及希特勒自杀时，他都在场。接受访问时，他时常被问及，有没有听希特勒提过，其杀害了600万犹太人，每回他都会说没有。

2005年，米施在接受沙龙访问时表示："你说，要是希特勒当真像人们说的那样做尽坏事，他怎么可能成为我们的元首？这怎么可能呢？"

一旦相信了一件事，我们就很难再放弃这种信仰。虔诚的信徒也许宁愿放弃自己的性命，也不愿放弃信仰。要铲除

---

① 希特勒地堡，又被称为柏林元首地堡。1945年，柏林被苏联军队攻陷，希特勒带着多名保镖藏身这座地堡中。不久，希特勒在绝望中自杀。——译者注

② 希特勒的情人，在希特勒自杀前夕跟他结婚，之后随他一起自杀。——译者注

在内心扎根的信仰，简直是不可能的。这种例子在历史上不计其数。比如为了治病或让身体更健康而采取的“放血”疗法，其最早出现于公元前1000年左右，先是在古埃及，之后传播到古希腊、古罗马。到了中世纪，这种疗法变得很流行，直到20世纪还在使用，维持了大约3000年。一位著名的医学家曾说：“毋庸置疑，这是医学史上杀死病人最多的治疗方法。”其能延续这么多年已经很难得了。

阴谋论可以承受真相的反复击打。大部分美国人至今仍坚持，肯尼迪总统1963年被刺杀是一个阴谋，凶手除了李·哈维·奥斯瓦尔德外，还有其他人。更让人惊讶的是，随着时间的推移，关于凶手只有奥斯瓦尔德一人的证据对外公开得越多，相信阴谋论的人非但没有减少，反而增加了。盖洛普[①]民意测验显示，1963年底，相信除了奥斯瓦尔德外，还有其他凶手的美国人，占了总数的52%。到了1976年，该比例增加至81%，并维持了25年。

或者采用更多近期的例子，比如2003年的伊拉克战争。在战争刚刚结束的阶段，依然有相当一部分美国人相信伊拉克拥有大规模杀伤性武器（实际上并没有），萨达姆·侯

① 盖洛普（1901—1984），美国数学家，创立了抽样调查方法，据此进行民意测验。——译者注

赛因还对美国军队使用了这些武器（实际上当然也没有）。[①]

真相普遍缺少杀伤力，跟我们的想象相比，真相并不那么擅长击败谎言，若谎言跟某种深层次信仰捆绑在一起，就更是如此了，这便是阴谋论存续至今的原因。坚信自己跟真相（或天使）站在一边的人，也许会因此感到沮丧。这种受挫感有时会强烈表现出来。

奥巴马的前任经济顾问克里斯蒂娜·罗默，2011年在讲话中谴责政策制定者和经济学家“辩论时借助的证据不是真相，而是意识形态”，当时她就点明了这个问题。她说，现在能证实财政刺激有助于增加就业机会的证据，“比以往任何时候都更强大”。她又表示：“可让人难以接受的是，立法程序却对这些证据不理不睬。若在真相方面，我们都不能达成统一，那我们便无法解决我们的问题。”

确实是这样的。不过，就算在真相方面达成统一，也无法实现成功的1/2。在真相是什么这件事上，我们意见一致，并不代表我们就能搞清楚真相是如何运作的。真相引发的结果往往出人意料，这是最近的研究结果。那种试图改变别人观点的真相尤其如此，甚至会起到反效果：让

① 以美国为首的伊拉克调查小组的调查结论是，1991年，伊拉克已经结束了其核武器、化学武器、生物武器研究项目，在侵略战争开始时，也没有积极的项目计划。——原注

人坚信自己最初的观点是正确的，陷入其中无法自拔。

但务必要了解，这种做法更接近于自卫，而非固执或是愚昧导致的结果。人们往往会在自己的见解遭受质疑时，觉得被质疑的是自己的自尊，而不是记忆中的真相或已经获得的见解，而自尊比这二者更加重要。自尊受到伤害，将刺激我们的本能，从而改变甚至歪曲我们分析信息的方式。研究表明，就算我们的基本信仰很不现实，以至于我们应该从一开始就明白其不过是都市传闻，但在处理信息时，我们还是倾向于用上述方式保护我们的基本信仰。

“哈佛大学图书馆墙上的训诫”真的存在吗？

有篇标题为《哈佛大学图书馆墙上的训诫》的文章，从2007年开始在中国的网络上流传。文章像是幸运饼干的语录汇总，不像正规的训诫。其中用蹩脚的英文罗列了一些箴言，据说是哈佛大学的学生在图书馆的墙壁上随手涂抹的，大部分都跟努力学习、工作有关。

第一条训诫是这样的：“此刻睡觉你将做梦，此刻学习你将圆梦。”还有一条针对女孩的训诫：“你若能多学习一个小时，便能找到更出色的丈夫。”

中国的网站、博客、论坛，迅速被这些训诫攻占。在学校里，老师将这些训诫打印出来，发给学生。召开晨会时，校长一开口说的就是这些训诫。一位名叫丹尼·冯的作家借着这股东风，于2008年在中国出版了一本书，题目是用双语写成的，分别是中文和英文版的《哈佛大学图书馆墙上的训诫》。这本书出版后，马上登上了畅销排行榜，听说销量达到了几百万册。更有甚者，这些训诫还传播到了韩国，题目却改成了《哈佛卫生间墙上的箴言》，跟中国稍有出入。

而这些全都是伪造的，这便是唯一的问题所在。世上根本就没有，至少在哈佛没有这些睿智的格言。但谎言持续发展，以至于到了 2012 年 11 月，哈佛大学图书馆馆长罗伯特·达恩顿不得不发表声明：“我可以承诺，这些话从未出现在哈佛大学的 73 座图书馆中。”

但这种谎言跟很多都市传闻一样，不会那么容易消失。达恩顿在《华尔街日报》发表声明后过了很久，时间已是 2013 年夏，但关于训诫的一系列问题还在不断涌现，要求哈佛大学图书馆做出回复。说明训诫是否真实的回复，在哈佛大学图书馆网站的“图书管理员问答”分类中，一直都是最热门的。其点击率在我创作本书时，已经达到了 12.5 万。排名前二十的其余十九篇问答加起来，都没有这篇问答点击率高（这十九篇问答包括，哈佛大学图书馆中的藏书是否有人皮封面的？答案是有。这是我自己最感兴趣的问题）。

达恩顿说，不少提问的都是中国人。其中很多人都因从图书管理员处得知，这些训诫是胡编乱造的，受到了沉重的打击。这些人的回复展现了这些训诫已深深扎根于中国的年轻人心中，让旁观者深受触动。

其中一个学生回复：“我的老师一直在用这个欺骗我。”

另外一个学生回复：“你是不是开玩笑？我们从小到大都在看这些格言。”

还有一个学生简单地回复：“发现真相后，我一直在哭。”

使劲挥动大棒

有什么人能责备他们呢？每个人都有伴随自己长大的座右铭，只要近距离观察就能发觉其并非真理，可即便如此，我们还是不愿放弃这些座右铭。例如棒球球员都认为，上场之前，先用比普通球棒重的东西做挥舞练习，是最佳热身方法。一些人喜欢用金属材质的球棒，一些人喜欢把形状好像甜甜圈的重物套在自己的球棒上，还有一些人喜欢戴上很重的护腕。更有甚者，全明星外野手[①]米盖尔·卡布瑞拉会用一种老式的大锤，重达20磅。使用这些装备全都有着相同的理由，进入打击区之前，你要是挥动过沉重的东西，那与之对比，你的球棒就会变得很轻。挥动球棒的速度与力度，都会随着球棒重量的增加而增加。

这些全都非常合乎情理，同时又非常错误。科学研究表明，上场之前，你挥动的东西越沉重，上场之后，你挥动球棒的速度就越缓慢，这是一种截然相反的结果。因此实际上，球员这样做并非在帮助自己，而是在伤害自己。

---

① 外野手是棒球比赛中占据守备位置的球员。——译者注

不过，不管在哪场棒球赛中，你都能发现有球员在挥动沉重的东西，作为练习。这种做法不会很快消失，一如放血的治疗方法。

税收问题

并非只有棒球球员才会如此轻而易举地被都市传闻影响。很多人的认识都背离了真相，乃至跟真相没有任何关联。以所得税这种人人厌恶的话题为例，在观察下表之前，你先问问自己，当前的所得税是太高，太低，还是正好？

接下来，我们来看表 5-1。

从中能够看出，1956 年至 2012 年期间，美国的最高边际税率不断下降，20 世纪 50 年代大约为 91%，之后稳步下降，到了 2012 年，已经下降到不足 35%，这可是相当大的下降幅度。

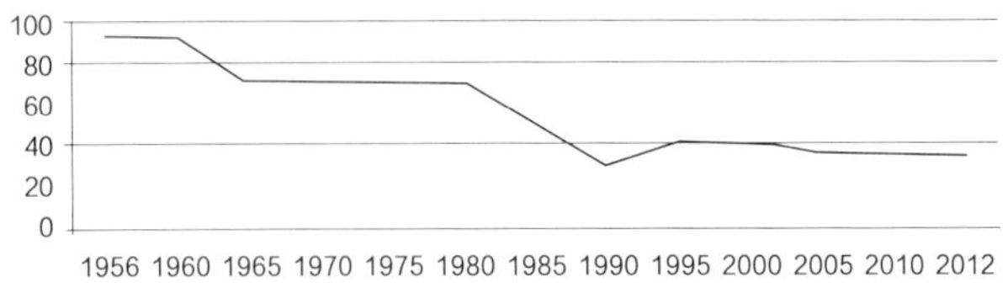

表 5-1 最高边际税率

不过，我们的感觉通常并非如此。大家对税率的感受变化不大，从下表中就能看出来。1961 年，盖洛普测验显示，美国认为税率太高的人，占了总数的 46%。到了 2012 年，时隔半个世纪过后，美国认为税率太高的人，依然占了总数的 46%，而此时最高税率已经从当初的 91% 下降到了 35%。表 5-2 实际展现的是，总有 50% 左右的人认为税率太高，不管税率实际是多少，都是如此。

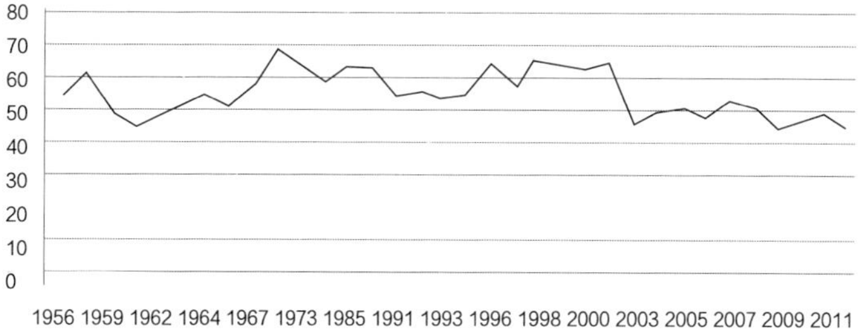

表 5-2　认为税率太高的人所占的比率

谁？我？被政府援助？

若只有公共事务会产生这样的错觉也就算了，毕竟大部分人都无法掌握相关的一手信息，可实际上，在私人事务中，同样会产生这样的错觉。**当自己的看法跟真相不一致时，我们往往会忽略事实，这是一种神奇的自我保护机制。**

康奈尔大学教授苏珊娜·梅特勒 2008 年设计了一份调查问卷，分发给 1400 个美国人。大家要回答很多问题，包括“有没有使用过政府的社会福利计划”。

一般说来，美国人都不愿接受政府援助。在他们看来，自己是独立的，能够养活自己。很多回答梅特勒问卷的人根本做不到这点，却还是给出了这样的答案。曾得到过食品券的人，有 25% 都否认曾使用过社会福利计划。享受过医疗保险的人，有 40% 都否认了这一点。享受过社会保障的人，也有 44% 的人否认。总之，很多使用过政府社会福利计划的人都会否认这点，并以此为依据回答问卷。

美国政治中有个很有意思的矛盾，能作为这方面的典型代表，就是政府项目占个人收入比例最大的地区，却往往会投票支持表示会大幅减少政府项目预算的候选人。根据印第安纳大学亚伦·卡罗尔的计算结果，被盖洛普列为“最保守”的十个州的居民2010年的收入中，政府转移支付占了21.2%，“最自由”的十个州却只占了17.1%。

这种差别可能微不足道，却会持久存在，在不同的地区反复出现，形式多种多样。1980年后，宣布会减少政府预算的共和党候选人，竟能在联邦政府投入高出税收的地区获得更多选票。对政府依赖性越强的地区，支持共和党候选人的力度反而越大。观察对联邦援助依赖性最强的100座城市与其在2008年总统选举中的投票，会发现其中2/3的选票都投给了共和党候选人约翰·麦凯恩。

政治僵尸

从上面的案例能够看出，摆脱错误的信念有多么困难。它们宛如不死的僵尸，活生生游走于各处。可是跟政治相比，僵尸的吸引力要逊色一些。政治领域到处都是僵尸，电影《僵尸之地》的演员聚会都能在这里举行了。以美国现任总统奥巴马近期收到的评价为例，觉得奥巴马连美国公民身份都没有的人，在美国有几千万。奥巴马曾将自己在夏威夷出生的官方证明对外公开，但两年以后，即2010年，美国有线电视新闻网的一份民意调查显示，质疑奥巴马是否是美国公民的人，依然占了总数的25%以上。奥巴马一年后又将出生证明表格全部公开，但还是有很多选民不肯相信他。这些选民往往会投票支持共和党候选人，即奥巴马的竞争对手，这点很有意思。2011年5月，一份盖洛普民意测验显示，相信奥巴马“肯定”或“也许”是在美国出生的共和党支持者，只占了总数的1/2弱。

同样让人吃惊的是，奥巴马明明加入了芝加哥的基督教会，并多次说自己是基督教徒，但仍有几百万美国人认为他是穆斯林。例如距离现在很近的2012年，美国选民中相信奥巴马是穆斯林的占了17%，即平均六名选民中就有超过一人相信这件事。该比例在共和党支持者中更高。2008年，奥巴马第一次被选举为总统，相信他是穆斯林的共和党支持者，占了总数的16%。该比例截止到2012年增加了近一倍，达到了30%。而该比例在最南部各州，也就是共和党的据点，比这还要高。2012年总统初选[①]即将开始时，在密西西比州，相信奥巴马是穆斯林的占了共和党支持者的52%，相信他是基督教徒的仅占12%（余下的人说，自己不确定他信仰何种宗教）。

这件事明明没有事实作为依据，为什么还有这么多人深信不疑？

民意测验专家吉姆·威廉姆斯说："我不知道该怎么解释这一现象，但相同的现象以前在其他地方也出现过，一直没有消失。"

---

① 美国总统选举的第一阶段，由两大政党民主党和共和党分别推选出本党的总统候选人。——译者注

政治信仰的影响力

永远不会消失恰恰是僵尸和错误信念的最难缠之处。它们将永远动个不停，像劲量电池的兔子般。[①] 范德堡大学的拉里·巴特尔斯教授曾研究过很多有名的政治误解，他对这种持续的动力来源做了深层次解析，证明政治倾向极易影响选民的感知，哪怕是客观事件（如候选人出生于何处，去何种教堂），都有可能因此遭到扭曲。

为了举例说明，巴特尔斯引用了1988年的一项调查，调查的一个问题是：共和党人罗纳德·里根担任总统期间，大家觉得通货膨胀是改善了，加重了，还是维持原状？巴尔斯特发现，政治倾向不同，大家的回答也不同。坚决支持民主党的人，大部分都觉得加重了，实情却与之相反，通货膨胀不仅改善了，而且是大大改善了。消费价格的通胀率原先为13.5%，现在已经下降到4.1%。

但先别哇哇大叫，来看看8年之后的同类型民意调查

---

① 劲量电池是美国有名的电池生产企业，其品牌形象是一只粉红色的兔子。——译者注

结果如何。1996年的这项调查涉及民主党人比尔·克林顿担任总统期间，通货膨胀状况如何。调查问卷中有这样一个问题：“你觉得联邦的预算赤字跟1992年比起来是减少了，增加了，还是基本没有变化？”共和党人大部分都认为增加了，实际上却减少了，且大大减少了。联邦的预算赤字减少了90%以上，原先是2250亿美元，后来下降到220亿美元。

《华盛顿邮报》的一位记者戴伦·马修斯指出，要让两大政党的支持者赞赏自己厌恶的政客，是相当困难的，就算对方降低了赤字，改善了通货膨胀，实现了他们期待的目标，也无法改变这一点。他们对某个政客是喜爱还是厌恶，跟他们对此人的态度相互关联。

诚然，很少有人能评判联邦预算赤字的大小，或能滔滔不绝地聊起近期的消费者价格指数。我们似乎不必在乎巴特尔斯研究的结果，因为其好像只能展现一些对政府的财政细节所知不多的人的集体观点，但实际情况却与之相反。

政治领域的人通常最有智慧，同时也最有偏见。普林斯顿大学的政治学家丹尼尔·沙尼，2006年为大批选民对一组事实性问题的解答做了解析。她说，结论显而易见：“在客观条件下，党派偏见不能借助政治知识消除或是减轻。

反过来，政治知识还会让偏见变得更加严重，这点很让人遗憾。跟政治知识不多的人相比，政治知识丰富的人更易被党派左右自己的观点。”

所以，一定程度上是虔诚的信徒，而非不知情的人，更易走上错误道路。

猎杀本·拉登

有时，这种党派性失衡会相当严重，导致我们身陷梦幻，感知不仅不再受事实影响，更有甚者，还将完全独立于事实以外。公共政策民意调查会 2012 年 9 月在俄亥俄州组织了一次民意调查，这段时期，俄亥俄州被视为总统选举中至关重要的一个州。民意调查显示，5 月之后，这是奥巴马的支持度领先幅度最大的一次。由于若无法得到俄亥俄州的支持，便基本无望进入白宫，因此这个新闻对马萨诸塞州前任州长米特·罗姆尼，也就是奥巴马的共和党对手来说，真是个大新闻。

可是因为大部分民意调查都会提出大量问题，不会仅限于一个，所以此事引起的关注度并不高。此次民意调查中有这样一个问题：在俄亥俄州的选民看来，猎杀奥萨马·本·拉登的首要功臣是奥巴马还是罗姆尼州长？由于奥巴马正担任军队总司令，并发布了搜查本·拉登在巴基斯坦的住处的命令，因此大多数人都表示，首要功臣是奥巴马。

作为最不可能支持奥巴马的选民，共和党支持者再次给出了让人惊讶的答案。其中表示奥巴马是猎杀本·拉登的首要功臣的，仅占了总数的38%，将近一半的人表示自己无法确定，还有15%的人说这是罗姆尼的功劳。

反作用

直到现在，我们依然无法解释，为什么马萨诸塞州前任州长在本·拉登遭到袭击时，明明不在自己的办公室里，却能成为半个世界以外这场军事行动的最大功臣。达特茅斯学院的布兰登·奈恩，以及佐治亚州立大学的贾森·雷夫勒这两位学者，针对该观点做出了或许能成立的解释。他们认为，真相不仅不能说服虔诚的信徒，还可能发挥反作用，让这些犯了大错误的人愈发坚信自己是正确的。

奈恩和雷夫勒为了证明上述观点，做了很多实验：若狂热的政党支持者发现了一则新闻，虽然背离了自己的意识形态，但其本身是正确的，那他们会不会改变自己的信仰，支持这种正确的真相。奈恩和雷夫勒采用的新闻都是像在伊拉克搜寻大规模杀伤性武器，布什总统的减税计划对税收发挥的作用等真实新闻。①

---

① 错得更加离谱的是大家对伊拉克战争的看法。研究表明："有相当多的（美国）人对此怀有误解，而这很明显是错误的……"战争爆发之前和战争发生期间，世界各地的民意调查都显示，美国没有得到联合国的批准，就擅自干预此事，绝大多数人都持有异议。但根据美国的民意调查，了解这种国际舆论的美国人只占了极少数。此外，上述误解还关系到个人对此次战争的支持度。参考库尔等人的作品（2003 年）。

两人发现了截然相反的结果，矫正别人的观点只会刺激对方，不会有任何作用。跟保守派说，美国在伊拉克并未找到大规模杀伤性武器，他们也许会愈发坚信伊拉克有这种武器。跟保守派说，美国税收因为布什总统的减税计划下降，他们也许会愈发认为此举增加了税收。自由主义者也是一样，看过布什总统禁止为干细胞研究提供联邦经费补助的消息，自由主义者会觉得布什总统想要全面禁止对干细胞的研究，而保守派和温和派则基本不可能会有这种看法。

如果在矫正别人的观点方面，连真相都无能为力，还能借助什么呢？之前，我们曾提及达特茅斯学院和普林斯顿大学那场橄榄球比赛，对比赛相关人士的感知所做的研究表明，这些人不光是在维护自己的母校，从某种意义上说，他们也是在维护自己的尊严。奈恩和雷夫勒观察到的结果同样如此，在他们看来，如果感知真能被自尊驱动，那一个人越是自信，接纳的真相就越多。若能避免伤害人们的尊严，那就算是跟他们的信念相反的信息，他们应该也能更加容易地接纳。

为此，奈恩和雷夫勒决定做一组实验，在此之前先人为地提升实验者对自己的评价。首先，两人让实验者看了一份清单，上面罗列了诸如聪明等实验者本人的优点，然后让实验者从中选出一项优点，他们觉得其对自己的意义最为重大，并让他们用几句话说明：“这项优点怎样发挥自身重要性，让你得到良好的自我感觉。”

实验表明，自我感觉提升将大大减少人们坚持错误偏见的概率。奈恩和雷夫勒说，这组实验也许说明了：**“人们之所以要坚持错误的信念，部分是因为他们对自己的认同，会因舍弃这种信念受损。”**

因此，那些觉得猎杀本·拉登是罗姆尼的功劳的俄亥俄州选民，觉得奥巴马是穆斯林的密西西比州选民，以及觉得奥斯瓦尔德还有同伙的大批美国人，他们的看法也许都不是新闻所能改变的。他们都被自己欺骗了。

KIDDING OURSELVES:
THE HIDDEN POWER OF
SELF-DECEPTION

第六章 控制狂

曾经有人说过一句很深刻的话，“我宁愿做个幸运的人，而非好人”。生活中有多少事要依赖幸运，数量多到让人不敢直接面对。有太多的事情，我们根本掌控不了。接触球网的刹那，网球也许会向前飞，也许会向下落，如果你足够幸运，网球就会向前飞，你就会赢得比赛，否则就会输掉比赛。

——《赛末点》

查理·贝连是一名28岁的职业高尔夫球手，来自亚利桑那州的梅萨市。你可能没听说过他的名字，除非每场高尔夫球赛你都会密切关注。他跟重大赛事的获胜方和电视广告无缘，在全世界的排名仅为第165名。可是他却在2012年11月打出了“高尔夫球历史上最伟大的四场比赛”——一名体育记者这样表示。而贝连在这些比赛中险些杀了自己，这点更加引人注目。

这四场比赛是在佛罗里达州的维斯塔湖举行的迪士尼精英赛，也就是职业高尔夫球协会赛季的总决赛。所以这些比赛是像贝连这样毫无知名度的球员最后的机会，一旦胜利，他们的这个赛季乃至职业生涯都可能因此扭转。作为菜鸟，贝连对这两点都有需求。这段时间，他因为个人原因和职业原因，承受着巨大压力。这一年早些时候，他结了婚。9月份，妻子生下了第一个孩子，他需要养活一家人。而最关键的是，他在比赛中的表现非常差劲。抵达佛罗里达州时，他在奖金排行榜上名列第139名，这个排名可不妙，任何职业高尔夫球手都明白。贝连一定要上升到前125名，才能保留职业高尔夫球协会的巡回赛卡。这意味着，他若不想结束自己的职业生涯，就要有出色且是相当出色的表现。

第一回合，贝连表现很好。但第二回合即将开始之际，他忽然觉得胳膊发麻，心脏快速跳动起来，且不能呼吸，无论怎么努力都无济于事。他觉得自己是心脏病发作，跪倒在地，暗想："死亡就是这样的。"

医护人员马上跑过去帮助他。他们跟贝连说，他的血压情况不妙。然而，贝连却坚持比赛，打出了六个小鸟球、两个老鹰球，[①] 表现相当精彩，为此他也克服了很多困难。

贝连的球童里克·埃德克斯表示："1971 年，我就开始做球童，可从来没有遇到过这样的情况。"

只是贝连也为如此优秀的成绩付出了代价。这天的比赛结束后，他在自己的巡回赛卡上签名，之后便迅速垮下来。当天夜里，他是在医院度过的。他的双手双脚都连上了仪器，甚至没有时间把球鞋脱下来。第二天早上，他又上场比赛了，根本不理会医生的劝阻，因为医生并没检查出他的身体有什么不妥。在这场比赛中，他步履蹒跚，流下了眼泪，唯恐昨天的病会再度发作。即便如此，他还是不停地跟自己说，逐个球逐个洞坚持下去。他就是这样做

---

① 小鸟球和老鹰球都是高尔夫球运动的术语，前者指在一个球洞上得到了少于标准杆一杆的成绩，后者指在一个球洞上得到了少于标准杆两杆的成绩。——译者注

的，他在四小时内忍受着锥心刻骨的疲倦，无比煎熬，最终以微弱的优势占据了领先地位。

比赛进行到最后一天，清晨醒来时，贝连觉得非常糟糕，可他还是逼迫自己返回了球场。之后，他赢得了职业生涯中的首次胜利，且是巨大的胜利，赢得的奖金高达84.6万美元。他在奖金排行榜的名次因此上升到了第63名，同时得到了参加来年巡回赛的资格。

其后在接受访问时，贝连表示自己身体抱恙，是因为无力控制自己的生活，与高尔夫球运动无关。他谈到，在几个月的时间内，自己经历了这么多改变自己人生的事件，因此染上了恐慌症，险些葬送了性命。随后在推特[①]上，他跟自己的球迷说："心态的力量是非常强大的。"

的确，这种力量在涉及对人生的控制感时，会愈发显著。**控制感是人类务必要应对的所有心理变量中，能决定人们是否能快乐、健康、成功生活的基本元素之一。人们所做的很多努力，从婚姻到运动，再到学术成就，全都能展现出控制感发挥的作用。**控制感就好比内置的减震器，能帮助人们缓冲各类人生颠簸，可能还有比这更恰当的比方。人生旅途将因控制感的缺失，变得更加坎坷。

---

① 即Twitter，美国有名的社交网站，全球访问量最大的十家网站之一。——译者注

我们会在失去控制感后迅速崩溃。身体和工作都将受到严重影响，更有甚者，感情都会遭受损失。我们将失去对现实正确的感知，并无力再付出努力。我们就像棒球投手（或是高尔夫球手）忽然丧失了对这项运动的感觉。至于这种感觉消失的原因及其去处，我们都一无所知。不过，我们很清楚，我们需要重新找到且是迅速找到这种感觉。

为了实现这个目标，我们往往会付出巨大的努力，以至于对这种努力的真正性质都稀里糊涂。欧内斯特·海明威说过一句很有名的话："不要混淆了行动与行为。"这个忠告很不错，人们经常谈及这一忠告，却很少将其付诸实践，大部分很好的忠告都会有这样的待遇。在我看来，海明威十分清楚，人类一直想做事，不管什么事，人类都对其怀有强烈的欲求，这就是为什么我们总是感觉自己需要采取行动，哪怕行动本身有失妥当。**我们之所以行动，是为了追求行动带来的控制感，而非为了取得某种成果。而我们追逐的全部，就是控制感。**

按动我们的按钮

如果什么都不做，我们会变成白痴。就算要混淆行动与行为，对海明威的忠告视若无睹，我们也要做些事情。由于周围的环境会激励我们混淆行动与行为，因此要解释这种混淆出现的原因，从某种角度说并非难事。每一天，我们都会触碰到很多罪恶的小装置，我们的控制感将因此增强，觉得所有事物都在自己的控制之下。实际上，电梯按钮、办公室的空调控制面板、人行横道按钮[①]，很多都是为了赋予我们一种虚假的控制感而设计的摆设，并无实际作用。

首先来说电梯按钮，20 世纪 90 年代初以来安装或是生产的电梯，其关门的按钮大部分都只是摆设。在《纽约客》中，尼克·鲍姆加登说，让你觉得它们能发挥作用，便是设计这种按钮的目的所在。到了最后，电梯门总会关闭，你将因此愈发确定这是按钮在发挥作用。

---

① 按下按钮，可以将人行横道的红灯变成绿灯，让行人先行通过。——译者注

同样如此的还有办公室的空调控制面板。暖通空调收到了大量男士和女士的投诉，前者投诉空调让他们浑身是汗，后者投诉空调让她们手凉脚凉。于是，暖通空调派出技术人员在美国各地的办公室安装控制面板，其实只是摆设而已，为了给大家制造一种错觉：自己能够掌控空调的温度。能看穿真相的人好像并不多。统计显示，四十年前，这种伪造的空调控制面板就出现了，“用来骗人的”空调控制面板，占了办公室所有空调控制面板的 90%。

甚至人行横道按钮都有可能是摆设，至少在纽约是这样的。多年以前，纽约就把大部分人行横道按钮改成了由计算机控制。不过，大家都不了解这点，继续按动按钮。统计显示，纽约共有人行横道按钮 3250 个，其中相当于机械安慰剂的有 2500 多个，它们能发挥作用，全靠大家的想象。

浪费钱财

不过，没关系。功能缺失跟没有任何价值是两回事。实际上，出钱买下这种能促进想象的东西，我们心甘情愿，且没有一天停止过购买。最近这二十年，有多项研究表明，购买维生素片等营养品几乎等同于浪费钱财。这些营养品只能提供极少的好处，更有甚者，还会反过来危及人们的健康。例如研究人员发现，维生素 E 会让男性患前列腺癌的风险小幅增加，而研究人员原本是想证明，维生素 E 能减少男性患前列腺癌的风险。就算是这样，维生素片依旧热卖，大家继续大把服用。业内数据显示，在美国，至少有一半成年人服食维生素、矿物质等营养品，其销量越来越高。美国人为此花费的金钱，2010 年达到了 280 亿美元，每个成年男人、女人和孩子，平均花费 100 美元。

跟维生素十分接近的还有理财顾问。美国每年聘请理财顾问的人达到了几百万，我认为，的确有人（或他们自以为）靠理财顾问赚了不少钱。然而，大部分人聘请理财顾问所花的钱都浪费了。一项重要的研究显示，跟我们这样的普通人相比，股票专家选择股票的能力并不会强到哪里去。甚至跟输赢各占一半、完全依靠运气的做法相比，股票专家的选择更加不妙。由此可见，直接去玩轮盘赌更好。

客观说来，要判断理财顾问提供的意见对错，的确颇具难度。也许仅仅是没有遇到好的时机，也许连荷兰的郁金香球茎都会再度涨价，不过要活得足够长才能看到。可是伦敦经济学院、新加坡南洋理工大学的研究人员 2012 年做了一项新实验，研究人们愿意为了投掷硬币会出现正面还是反面的预测结果出多少钱，而这种预测结果无论现在还是将来都完全不切实际。

投掷硬币的结果是随机的，根本预测不出来，因此用其来做实验，效果相当不错。在曼谷、新加坡两地，研究人员找到了将近 400 人作为实验的对象。研究人员会给这些实验对象每人一枚代币，让他们根据投掷硬币的结果下赌注。这些实验对象可以在每回投掷硬币之前选择，愿不愿意出钱购买所谓专业人士预测的结果。投掷硬币结束后，没有出钱购买的人也能了解上一次专业人士预测的结果。

所有预测正确与错误的概率都有 50%，但只要实验对象第一次参与投掷硬币时，所谓专业人士的预测是正确的，那因此对专业人士产生信赖，随即出钱买下其预测的实验对象，将会占总数的 12% 左右。预测正确的次数越多，该比例便越高，这便是问题的关键所在。若连续四次，专业人士的预测都是正确的（这完全靠运气，大家不要忘了这点），那在第五次投掷硬币之前，肯出钱买下其预测结果的实验对象，就将达到总数的近40%，即这种事明明不可能预测出来，这些实验对象还是情愿做出根本不合理的选择：出钱买下别人的预测。

表面看来，按动无效的按钮，吃下无效的药片，买下无效的意见等做法都很缺乏理智，却能让我们的控制感增强，这便是它们的共通点。因为它们，我们认为自己做了些能影响周围环境的事，而不必反过来被周围环境影响。当然了，这些全都是海市蜃楼，却是我们自己建造出来的，能在人生旅途中为我们提供保护，让我们不至于受伤。

光阴逆转

杜克大学的一帮学生在20世纪70年代中期做了一件事，这件事很少有年轻人会去做，就是去探访养老院中的老人。他们跟这些老人素不相识，后者并非他们的祖父母、父母、叔叔、阿姨之类的亲人。这些老人之中年纪最大的已经96岁了，最小的也有67岁，比学生们年纪大很多。老人们走路、说话都不成问题，但终究已经年老体衰。有些老人视力太差，没办法阅读；有些老人手会发抖，没办法写字。然而，这好像无关紧要，看到这些年轻人过来，老人们都非常快乐。他们总是在学生们打算离开时表示，学生们完全可以多留一段时间，只要他们愿意。

学生们果然这样做了。他们在两个月内，每星期都来探望老人最少一次。在养老院的这段时间，他们除了听这些长辈说话外，还会对他们展开研究。学生们在理查德·舒尔茨的指导下，整理出了一项经典的心理学调查。所有老人都为学生们提供了大量医学、心理学信息，包括老人们去医院的频率，服用药物的数量，打电话的次数，会不会有无聊、孤独或满怀希望的感受。

养老院的老人被分为四个小组，方便进行实验。第一组作为对比组，学生们从来不会去探访该组的老人。第二组探访的时间完全是随机的。第三组的老人能了解下一次探访是什么时候，会持续多长时间，不过具体细节却不是老人能掌控的。第四组的老人可以自主控制学生过来探访的次数和每次探访的时间，拥有绝对的控制权。

舒尔茨在实验结束后，对四个小组的发现做了对比。就算用现在更苛刻的标准评价来看，他的发现都堪称了不起。能够控制探访、预先知道探访时间的那组老人，比其余几组老人更加愉快、健康，且满怀希望。他们拥有更多“生活的热忱”，感到无聊的时间更少，更加积极向上，服用的药物比其余老人更少。总之，他们的状态和行动都跟别的老年人不太一样。让养老院的老人得到控制感，能“逆转他们的衰老”，这便是从这个实验中得出的结论。

这件事情的结局很悲伤。舒尔茨跟一名同事在实验结束很多年后，再次来到养老院了解昔日那些老人的情况，发现他们情况欠佳。实验结束后，见不到学生过来探访了，很多老人的身体和精神都因此衰落下去，尤其是那组能绝对控制并预测探访的老人。控制感对这些老人来说，就好比一把双刃剑，他们既会因控制感加强得到好处，又会因失去控制感而衰老，从此失去了对生活的热忱。

心灵的万花筒

我认为，与之相似的感受对绝大多数人来说都不陌生。一如孤女安妮所唱：“生活多艰难。”根据以往的经验，我们明白自己永远无法掌握控制感。昨天，我们拥有控制感，那种感受就像登上了世界顶端，可第二天它就消失了。对准情感神经发射，只需一下，我们便会倒下去，跟弗雷泽[①]没有区别。而倒下以后，再想站起来，就需要花费很多时间。

2008 年，一场世界性的金融危机爆发，不少人因此遭受打击。美国损失惨重，其他很多国家和地区也受到了影响，直至我写这段话时还没有停止。因为这场金融危机，美国全体民众的净资产缩水了 40% 左右，大家的控制感也因此被剥夺，这是一项更严重的损失。2010 年，一份针对投资者的调查问卷显示，仅有 11% 的人在被问及是否能够

---

① 乔·弗雷泽（1944—2011），世界重量级拳王，1971 年击败了拳王阿里，成为世界上首个击倒阿里的人。2011 年，弗雷泽因肝癌去世，有人说：“世界上第一个击败阿里的人倒下了。”——译者注

强有力地“影响或是控制”自己的财务状况时，选择了“是”。想想看，此时金融危机已经过去了两年，感觉自己难以控制自身财务状况的人，仍然高达近90%。

金融专栏一位撰稿人解释说：“在大家看来，自己好像置身于自己的财务状况以外。一如在赛车场边观看比赛的观众，对于将要发生的车祸，他们无力制止，可要转移视线，他们同样做不到。”

失去控制感后，那种无能为力感便开始影响我们，上面这段话把这种感受描绘得淋漓尽致。为避免出现这种情况，大部分人不惜竭尽全力。研究人员发现，在察觉到控制感不复存在的刹那，人们已经开始尝试重塑控制感，因为失去控制感后的无能为力感太具刺激性了。如果不能借助收回投资、寻找新客户等客观做法找回控制感，人们便会转而扭转自己看世界的方式，即扭转自己的感知，直至重新找回控制感为止。

拒绝与实践

这两种努力同时出现在因小儿麻痹症而瘫痪的人身上。如今在大部分国家，基本已经看不到小儿麻痹症了，这要多谢乔纳斯·索尔克研制的疫苗。然而，在20世纪50年代，小儿麻痹症却因发病速度惊人，并能让病人无力控制自己的身体，引起了广泛的恐惧。一名小儿麻痹症病人回顾了自己的病发过程：

> 三个星期以前，呼吸、讲话、吃饭、如厕、睡觉……全都没有任何异样。想吃就吃，愿意吃什么就吃什么，愿意几时吃就几时吃。开车也好，打字也好，都不用问我的手是不是愿意。想跑就跑……事到如今，我却无法再控制自己的身体，以及身体的功能。

伊利诺伊州一家小儿麻痹诊所的医生从20世纪50年代末期开始致力于研究，面对上述情况，病人该怎样应对？伴随着这种也许会让他们无法行走乃至丧命的疾病，病人将如何度过一天又一天？医生们由此开始记录81名病人的生活，一记录便是几年，而不是短短的几天或是几个星期。更有甚者，在幸存的病人（病死的病人有 8 个）出院以后，医生们依然坚持上门探访他们。

医生们发现有两点非常关键，其一是做事的重要性。就算是微不足道的小事，对病人来说也意义非凡。医生们写下了这样一番话："对大部分病人来说，就是要让他们觉得自己还能做事，而不是一味等着事情发生，陷入被动。病人若能在身体活动和人际关系中表现主动，就能得到一种控制感，因此受到激励，继续努力。"其二是病人塑造了自己的现实。要做到这一点，方法众多，拒绝接受现实是其中最普遍的。这类病人总是拒绝承认自己患有小儿麻痹症，更有甚者，有人连小儿麻痹症这几个字都不愿意提。医护人员往往会纵容病人这样做，这点出乎大家的预料。研究人员表示，部分医生甚至会给病人开错误的诊断书。一个病人自己判断出自己患了小儿麻痹症，"但医生却努力让她相信，她没有这种病"。

研究人员认为，这种**否认的心理**能给予病人希望，因此能创造价值。研究人员表示："抑郁会因否认减少而加重。"这样一来，病人的动力将更加难以维系，目标的实现也将变得更加困难。研究人员得出了这样的结论：了解到自己有多大概率会留下残疾，这些病人也许就会被这种前景压倒，无法再做出任何积极的努力。

研究人员从这两个关键点中发现的，全都是病人极力想要重新得到对生活的控制感。其一是直接争取控制感，借助的是身体活动和人际关系；其二是间接争取控制感，借助的是改变对现实的看法。

让世界回归可预测状态

跟我们意识到的相比，实际出现的改变要多得多。研究表明，处在压力之中，人们会尝试在无意义中寻找意义，比如发现并不存在的模式，又比如在毫无关联的东西之间建立关联。

2008年，得克萨斯大学教授詹妮弗·惠特森，以及美国西北大学教授亚当·加林斯基为此做了证明。通过六个实验，两人证明了，失去所有控制感能让人看见并不存在的事物，比如绝对随机事件中的规律。这并不是偶然想象。在实验中，两人发现人们越是缺少控制感，就越是迫切想要发现结构与模式，且会自己创造出并不存在的结构与模式。这些实验对象会因控制感不复存在，对结构产生强烈的需求，并能发现虚无缥缈的模式。

两位教授写道："个人会因迫切想要夺回控制权和控制感，在一片混乱中建立一种模式，让世界回归可预测状态。"

这种需求能在很多方面展现出来，其中部分需求会比其余需求更加显著。大萧条[①]时期，美国有几百万人失去了工作，股市崩盘之后，失去工作的人就更多了，其中不少人承受不了这样的打击，一直没能振作起来。很多美国人在这种困难时期，开始寻求救赎，这是可以理解的，他们通常都会选择去教堂。选择教堂时，他们会选能给自己最多控制感的，不会随随便便选一所就算了。位于匹兹堡的卡内基梅隆大学已故教授斯蒂芬·塞尔斯，20 世纪 70 年代研究了美国各地各种宗教教会成员在 20 世纪 20 年代到 30 年代的记录。他把所有教会大致分成权威式与非权威式这两种类型，前者认为上帝能控制所有事物，包括天主教、摩门教、浸信会、安息日会等，后者的教义则没有这项内容。

在比较教会成员的记录时，塞尔斯找到了显著的差异。大萧条让权威式教会得到了更多教徒，各种权威式教会的人数都有所增加，可非权威式教会，如长老会、圣公会的人数反而减少了。跟经济状况良好的时期相比，大萧条时期，美国长老会的教徒增长率下降了 30%，安息日会的教徒增长率却提高了 68%。

---

① 大萧条即 1929 年至 1933 年爆发的严重经济危机，始于美国，之后蔓延至全球很多资本主义国家。——译者注

强大的人和强大的狗

在塞尔斯看来，这并不偶然。人们一旦失去了控制感，就会到几乎不可能找到控制感的地方寻找。他表示，20世纪30年代，除了宗教以外，人们还会从报纸的漫画版中寻求力量，而这是当时传播最为广泛的媒介之一。时至今日，这种漫画好像已经有些过时了。不过，在那段时期，传媒大亨约瑟夫·普利策①、威廉·蓝道夫·赫斯特②等人都明白，漫画可以吸引大批忠实读者，因此爆发了一场漫画之战。通过研究20世纪20年代至30年代报纸的漫画版，塞尔斯发现了一种倾向，类似于对宗教的喜爱。20世纪20年代的20部漫画中，凸显主角力量的仅有《巴克·罗

---

① 约瑟夫·普利策（1847—1911），美国报业大亨，买下了《纽约世界报》，将其发展成为美国销量最大的报纸。他还设立了以自己的名字命名的普利策奖，该奖项现已成为美国新闻界的最高荣誉奖。——译者注

② 威廉·蓝道夫·赫斯特（1863—1951），美国报业大亨，创立了赫斯特国际集团，经营范围涉及报纸杂志、电视广播等。他本人在新闻史上颇具争议，经典传记电影《公民凯恩》便是根据他的生平创作的。——译者注

杰斯》《人猿泰山》这两部。该比例在之后的十年间迅速增加，20 世纪 30 年代的 21 部漫画中，凸显主角力量的有《超人》《至尊神探》《独行侠》等 12 部。

从很多方面说，20 世纪 30 年代都是独一无二的。大萧条之后出现的社会动荡，此后从未在美国历史上重演。它是绝无仅有的，前面是咆哮的 20 世纪 20 年代，后面是第二次世界大战。可在其余动荡的时期，同样能看到对控制感和秩序的渴求。塞尔斯比较了两段时期以证实这一结论，分别是 1950 年至 1964 年、1967 年至 1970 年，前者状况比较好，后者则相对混乱。马丁·路德·金和罗伯特·肯尼迪[①] 参议员都在后一段时期被刺杀身亡。越南战争也在这段时期进行得天昏地暗。犯罪猖獗。通货膨胀加剧。大学生烧掉征兵卡。俄亥俄州的国民警卫队，1970 年 5 月 4 日在肯特州立大学的校园里开枪打死了四名学生。

面对这样的无政府状态，大家该如何应对？

他们购买了更具攻击性的狗。

根据美国养犬俱乐部的记录，美国这段时期热销的犬种有德国杜宾犬、德国牧羊犬，以及与之相似的犬种。美

① 罗伯特·肯尼迪（1925—1968），1963 年遇刺身亡的肯尼迪总统的弟弟。1968 年，罗伯特成为民主党总统候选人，由于他声望极高，原本很有可能当选为新任总统，结果却遭人暗杀。之后，共和党总统候选人尼克松顺利当选总统。——译者注

国养犬俱乐部1959年至1964年注册的所有犬只中，仅有9.8%是攻击型犬。然而，该比例却在1967年至1970年期间增加到了13.5%。博美犬、波士顿犬、吉娃娃等弱小的观赏犬，销量下滑得最厉害。

更加强大的狗、教会、漫画角色，这绝对不是一种站不住脚的模式。我们能从这些东西中得到更多控制感，一如我们能从电梯按钮和空调控制面板中得到的。借助这些东西，我们觉得自己再度掌控了所有事物，哪怕这种感觉只能维持一段时间。

与健康的关系

跟小儿麻痹症病人和养老院老人一样，我们的情况也会随着控制感的增强而变好，心理和生理都是如此。例如，若能安排病人先看十分钟的疗程说明，再让他们接受结肠镜检查等痛苦的治疗疗程，就能减轻他们的焦虑，更有甚者，还能让他们更快康复。专业医护人员可能会觉得，要让病人了解关键信息，十分钟的说明远远不够。这种说法可能是正确的，可是同时又是次要的。知识能带给我们力量，我们若能了解即将发生在自己身上的事，就能在某种程度上控制此事，做好准备。一旦我们认为，情况多多少少是自己能够控制的，那在忍受这件事时，就不会觉得太困难，并能表现得更强大。从某种意义上说，我们控制了自己的小宇宙。我们将从这种控制感中获益，这种利益是相当真实的。

控制感和身体健康之间存在密切关联。一个人若觉得自己能控制自己的生活，就不容易有病痛，就算生病，也会很快康复，健康状况良好，寿命也会更长。

之所以会这样，或许与人类的身体对压力的反应有关。

控制感的缺失会让人承受巨大的压力。搭乘飞机时，很多人会深陷忧虑，原因就在于此。统计数据显示，跟乘坐汽车相比，乘坐飞机更加安全，但即便如此，还是有不少人对乘坐飞机感到畏惧。这是什么原因呢？原因在于，驾驶飞机的不是我们，而是别人，别人拥有控制权。生活中另外一件极为可怕的事——看牙医，同样如此。畏惧看牙医的人约占总数的1/4，而且这些人都是极为畏惧。调查显示，跟畏惧死亡的人数相比，畏惧看牙医的人数更多。很多研究表明，人们之所以畏惧看牙医，主要是因为控制感的缺失，而不是怕疼。看见牙医那些闪亮、锋利的工具，畏惧看牙医的人就会陷入恐慌。紧紧抓住椅子扶手，逆来顺受是他们唯一的选择。因为对于自己将要承受的痛苦，他们觉得自己一点办法都没有。他们不知道接下来会发生什么，只能被困在原地，求助无门。若不能预测自己即将遭遇什么状况，我们就会觉得世界变得相当可怕。就算给我们打麻醉剂，也无法改变什么。

最底层的人

身体的压力反应，会在出现这种状况或我们预测出现这种状况时开启。血液中充斥的肾上腺素等应激激素，会加快心脏的跳动。皮质醇导致血糖迅速上升，从而赐予了我们新的力量。天然镇痛剂如内啡肽之类也分泌出来，痛觉因此变得迟钝，感知却因此变得敏锐。战斗机制或是逃生机制此时已全面开动，不管生活将出现何种挑战，我们都已做好应对的准备。

但这种机制是要付出代价的，它会造成巨大的损失，损耗我们的身体，且效果会累加。我们的身体会因这种情况的频频出现，像火力全开的引擎一样最终报废。太大的压力会增加成年人患糖尿病、高血压、心血管病乃至骨质疏松症的风险，这点已得到证实。太大的压力还会导致人们思考、推理、记忆的能力下降。长此以往，这些都将引发短命这一相同的结果。

工作场所中最能缩短人寿命的搭配是，控制权很少，要求却很高。处在最底层的男女，其处境从很多角度看都非常恶劣，而健康受损堪称其中最恶劣的一点。一项针对英国公务员的长期研究，即所谓白厅研究，便是底层效应最强有力的证据之一。研究表明，跟职位较高的人相比，职位最低的人因患冠状动脉心脏病而死的风险更大。初步研究表明，十年之内，职业的变动将影响生存率，跟职位较低的公务员相比，职位最高的公务员死亡率显然要低，高级别公务员的死亡率要比低级别公务员的死亡率低，诸如此类。就算在二十五年后，甚至在很多研究对象已经退休后，这种效应也不会消失。

之后的研究对身高（一些研究表明，个子高的人猝死的风险更高）、社会经济地位（贫穷对健康不利）等可能会导致差异的风险因素做了分析。最终发现不能归因于这些因素，控制感的缺失才是真正的原因所在。

这种观点也被其他研究证实。捷克的一项研究表明，捷克的中年人患心脏病的概率跟控制感的匮乏存在关联。瑞典的一项研究也表明，心脏病死亡概率跟控制感匮乏的工作岗位存在关联。

这一切听起来好像很无望，但有一点需要留意，我们能自主决定控制感这种相当主观的东西。在相同的牙科椅上，不同的两个人也许会出现完全不同的反应。一个感觉非常好，能跟牙医大聊天气，就算嘴里被纱布填满了，也不会妨碍他；另一个却手心冒汗，口干舌燥，想要冲出门去。面对相同的牙医和椅子，反应却如此不同，一个觉得所有事物都在自己的控制中，另一个却不这么觉得。

金钱很重要，心态更重要

金钱、心态，这些都对我们的健康有直接影响。医学研究人员为了找出什么能让人更健康，花费了几十年时间。答案很简单，就是金钱。大致说来，越是有钱的人就越健康。这一真相让很多人难以接受。可无论何时何地，涉及何种疾病，金钱和健康都存在密切关联。由于该状况也存在于有全民健康保险的地区，因此无法用缺少医疗保健来解释，这点更让人苦恼。总之，金钱对健康的确非常重要。

不过，在剥这颗“洋葱”的过程中，研究人员得出了很有意思的发现：真正让人健康的是金钱带给人的感觉，而非金钱自身。这种感觉正是控制感，你猜对了。很明显，鼓起来的钱包能提供良好的缓冲，无论健康出现什么问题，我们都能做出最好的处理。保险费、免赔额、共付费，这些对有支付能力的人来说都不算什么。20 世纪 90 年代，一项具有里程碑意义的研究发现，穷人的健康状况不太理想，但只有在特殊条件下，这点才是正确的。研究表明，穷人也能拥有跟有钱人近乎相同的健康状况，前提是这些穷人能强有力地控制自己的生活。简而言之，控制感带给人的良好感受，就相当于在银行存了一些钱。

美国的研究人员刚刚对双胞胎这种特殊人群的健康状况做了很多研究。结果表明，金钱也能影响双胞胎的健康，其健康状况跟掌握的金钱数量成正比。但研究人员还发现，健康也跟控制感存在关联。（为确定作为研究对象的双胞胎对性生活、金钱、婚姻等生活方方面面的控制感，研究人员向他们提出了很多问题。）研究人员特意挑选了衡量肥胖程度的体质指数和去年所患慢性疾病这两项普遍健康指标，发现这两项指标会随着控制感的增强而下降，健康问题也将随之减少。研究人员表示，这项研究结果表明，“现实的收入差距有多重要，人们对现实的感受差距就有多重要”。

说得直白一点，**即真正能控制生活和自以为能控制生活，这两点能对健康发挥相同的积极作用，二者的区分不大。**“心态的力量是非常强大的。”查理·贝连这句话很有道理。

KIDDING OURSELVES:
THE HIDDEN POWER OF
SELF-DECEPTION

第七章

迷信的魅力

宗教会消亡，但迷信将不朽。

——威尔·杜兰特、爱丽儿·杜兰特

已故诺贝尔经济学奖获得者赫伯特·西蒙[①]在数十年前发展了一系列人类认知理论，即所谓的有限理性。在西蒙看来，人只在特定范围内拥有理性，在这个范围以外便开始采取欺骗手段，走各种各样的捷径，其本人对此却毫无意识。简而言之，人们会自己欺骗自己，认为自己做出了理性判断，实际却选择了另外一条路，跟从希律王处逃离的智者没有区别。[②]

对人类认知的研究，在西蒙之后纷纷涌现。新的分支，包括行为经济学、认知心理学等，论文层出不穷，试图对人类的思考与行为方式做出解释。这么多研究的结果表明，跟我们（乃至西蒙）承认的相比，我们实际拥有的理性更

① 赫伯特·西蒙（1916—2001），美国管理学家、社会科学家，曾获得第十届诺贝尔经济学奖。——译者注

② 根据《圣经》记载，希律王是犹太地区的统治者，他听说伯利恒刚刚诞生的一名婴儿会成为未来的犹太人之王，心中十分不安，派出三名智者去寻找这名婴儿，吩咐他们找到以后就回来告诉自己，自己要亲自去拜访，实际却是想除掉婴儿。三名智者在梦中得知了希律王真正的用意，找到婴儿后并未回去报告希律王，而是选择别的方向逃跑了。这名婴儿便是耶稣。——译者注

具局限性。

对稀奇古怪的东西信以为真的人遍地都是。比如，很多泰国人都相信，严重的灾祸能带来幸运，悲剧能召唤强大的鬼魂前来提示人们彩票中奖号码这种大事。所以在报道严重的车祸时，报纸往往会提到车牌号。彩票爱好者还会留意发生车祸的高速公路编号，以及伤亡者的人数。

我们西方人当然也有自己执着的数字，13 是其中最重要的一个。很多机场的登机门都避开了 13 号，包括克利夫兰霍普金斯国际机场在内。在跟美国联合航空公司合并之前，美国大陆航空公司同样有意避开了 13，枢纽机场的登机门没有 13 号，飞机座椅也没有第 13 排。人们普遍对 13 心存畏惧，以至于不少商业大厦都没有 13 层。大楼若足够高，当然会有 13 层，但开发商和设计者会直接称 13 层为 14 层，用这种小技巧让 13 层“消失不见”。比如芝加哥的马克不动产总部那座 22 层的大厦，称 13 层为 14A，称 14 层为 14B，通过这样的方式，保持 13 层以上的楼层数字的准确性。电梯制造商同样如此。奥的斯电梯有限公司作为全球最大的电梯制造商，曾指出全球的电梯中缺少 13 层按钮的占了八成。

对数字魔力的迷信，仅仅涉及有限理性最外面的一层。

稍微深入下去，就能发现迷信的深层矿脉在某个人身上，而这个人也许会出乎你的预料。也许你觉得自己跟迷信毫无关系，并相信“迷信是意志薄弱之人的宗教”——这是爱尔兰政治家埃德蒙·伯克[①]说过的话。这句话很有可能是正确的，却忽略了一个重点。在各个大洲，迷信已经存续了几百年。近期的研究表明，迷信能长久存续是有原因的。**迷信能发挥心理平衡的作用，赐予我们控制感，更有甚者，能在其余一切都没有指望时，赐予我们希望。**

希腊东北部一座名为索瑞迪的村庄，每逢星期六都会迎来大批游人。当地之所以出名，是因为地下冰凉、清澈的矿泉水，当地每一代希腊人都是喝这些水长大的。不过，跟活人相比，死人对游人却更具吸引力。神秘的派西欧斯长老去世多年，就埋葬在索瑞迪。这位东正教圣徒常年隐居，做出了很多预言，被誉为“希腊的诺查丹玛斯”。[②]1994年，派西欧斯便去世了。但近些年来，他忽然又开始风靡，

① 埃德蒙·伯克（1729—1797），爱尔兰政治家、作家、哲学家，英美保守主义的奠基人。——译者注

② 诺查丹玛斯（1503—1566），法国预言家，预测了法国大革命、希特勒崛起等重大历史事件，以及飞机、原子弹等重要的发明。——译者注

同一时期，希腊经济下滑，几乎要沉到爱琴海海底。

跟派西欧斯相关的大量书籍，都被摆到了书店里。这些书对他的心灵修行，对他的末日将要到来和希腊将要收复君士坦丁堡（也就是现在的伊斯坦布尔）的预言，做了深层次的解析。更有甚者，还涉及他的饮食指导（他本人非常瘦）。

在接受《华尔街日报》的采访时，位于雅典市中心的左伊宗教书店的店员艾欧尼斯·艾威里迪斯说："这些书都卖疯了，读了这些书，人们就能勇敢地迎接将要到来的一切，连不迷信这些的人都成了这些书的读者。"

可是当然没有人能预测希腊即将发生什么。希腊经济连续五年衰退，失业率超过了25%，负债累累，任何人都无法预测其前景。希腊人在圣徒的坟墓前排队，就是希望能在残酷的经济危机中不致于失去理性。他们挨个下跪、祈祷，亲吻标志他安息之地的木十字架。他们祈求获得帮助，方便他们找到工作，支付账单，在毁掉他们的经济衰退中幸存下来。有个女服务生名叫阿纳斯塔西娅·康斯坦丁努，时年32岁，她说经济衰退影响了家庭收入，自己一家人只能降低吃肉、开车，以及其他一些常规活动的频率。

她表示："将来会发生什么，我们一无所知。"不过，信仰能带给人安慰。她还针对派西欧斯长老补充道："他能赐予大家力量，帮助大家坚持下去。"

迷信带来自信

帮助大家坚持下去，是迷信的最大价值。若我们发现自己深陷怀疑和不确定性中，那超自然的迷信引发的自信，或许就能成为成功与失败的决定因素。这是一种非常有价值的特质，越来越多的学者相信，迷信除了是针对不确定的世界做出的健康反应外，还具备进化的优势。近期有两位著名的学者谈道："全体生物，包括人类在内，都必然会在适应行为中表现出迷信或类似迷信的特征。"

迷信为什么能带来好处？因为它能发挥作用。迷信不能帮你长高，不能帮你挡子弹，也不能帮你追上已经开走的火车，它在某些事情上无法发挥作用。不过，迷信能在我们力所能及的目标上增加我们成功的概率，这种目标便是确实具有可行性的事。

例如，德国科隆大学做过这样一组实验。2010 年，研究人员找来一些男女以科学的名义打高尔夫球，这项运动被几百万人当成一种消遣。研究人员把这些业余球手分为两组，在把球交给其中一组时，告诉他们："拿好你的球，它已经被证明能带给人幸运。"另外一组却得不到这样的鼓励，研究人员把球交给他们时，只简单地说：“所有人都用这样的球。”两组球手随即走进球场，开始打球。

之后发生了什么？

跟用“普通球”的人相比，用“幸运球”的人命中率更高，整体而言高出35%。除了身体运动外，其余方面也出现了相同的结果。比如记忆游戏，跟没有幸运符的参与者相比，有幸运符的参与者的表现显然更加出色。一名研究人员说：“我们的实验结果表明，迷信的确能让人有更出色的表现。”

眼下，我们已了解，迷信能让人表现更好，可这是什么原理呢？研究人员认为，迷信能引发错觉，进而产生自信这种不可或缺的特性。自信能帮人们走过难以横渡的河上的独木桥，一切了不起的行动都不能缺少自信。自信提升人们表现的方式是切实的、可衡量的，而非模糊的、无形的。而不论自信的源头是真实信息还是虚假信息，都同样有效，这点很关键。

近期，两名心理学家乌尔里克·韦格和斯蒂芬·洛克南为此做出了证明。他们找来一群人分成两组，分别做游戏，回答20道问题。他们告诉其中一组人，每个问题的答案都会在问题出现在屏幕上之前，从屏幕上闪过，速度之快，使其只能进入大家的潜意识，无法进入意识。另外一组人得到的消息却是，那一闪而过的东西不过是通知大家，马上就要出现下一个问题了。其实在两组人面前一闪而过的仅仅是随机出现的字符串，跟答案没有任何关系。结果在游戏中，相信这是答案的那组人有更加出色的表现，平均成绩是20道问题中答对9.85道。另外一组人的平均成绩则是20道问题中答对8.37道，双方的差距不算悬殊，但显而易见，能够量化，有改进空间。

韦格和洛克南表示，所有人都会因害怕、懒散、疲惫等不为人知的原因，而有所保留。无论出于什么原因，人们都极少会将自己的能力全部发挥出来，无论何时，都会保留一部分。若能增强人们的自信，就能让人发挥更多能力。就算是迷信带来的自信，也能让人们得到好处。

深水捕鱼

南太平洋有个偏僻的地方名叫特罗布里恩群岛，外人别说见过了，连听过的都很少。特罗布里恩群岛地处巴布亚新几内亚东海岸，白人抵达此处，是18世纪末期才发生的事。一战期间，有个名叫布罗尼斯拉夫·马利诺夫斯基的男人来到这里，之后，他成了人类学领域的传奇人物。马利诺夫斯基瘦削、苍白，有些秃顶，好像一只鹳。他总是戴着一顶头盔，穿着及膝袜。他的视力非常糟糕，患有抑郁症，入睡困难，对热带，尤其是当地闷热的气候怀有强烈的恐惧，只能帮自己注射砷，以应对这种情况。

但马利诺夫斯基对人类依旧有着极其敏锐的观察力。他观察到特罗布里恩群岛的居民过着奇怪的生活。捕鱼期间，因为选择了不同的地点，会有不同的表现。在靠近岸边的地方捕鱼时，因为水流缓慢，收获稳定，很少会遇到危险，所以大家基本不会有迷信的表现。但若是去外海捕鱼，危险增加，收获却难以估测，大家就会有不同的表现，会变得非常迷信，为确保成功，经常会举办精心策划的仪式。也就是说，控制感和对迷信的需求此消彼长，前者下降，后者便会大大增加。

现代后裔

一百年前，马利诺夫斯基发现了这种现象。跟现代大部分人相比，特罗布里恩群岛的居民过着迥然不同的生活。不过，在我们身边，比如棒球场上，还是能发现他们的现代后裔。棒球运动员素以迷信闻名，有些人应该已经知道了。贝比·鲁斯从外野跑回来时，肯定会在二垒垒包上踩一脚。棒球名人堂成员何纳斯·瓦格纳坚信，一根球棒只能打出一百个球，只要打满一百个球，不管球棒质量多好，他都会将其丢弃不用。

棒球运动员迷信的程度，这些年变得越来越严重了。比如红袜队的前第三垒手韦德·博格斯，每次比赛之前都会吃炸鸡，做击球和冲刺跑练习的时间都固定在17:17和19:17这两个时间点。比赛日，他离家的时间也是固定的。上场之前，他必须先在地上写一个单词“chai”，即希伯来语中的“生命”，但他本人并不是犹太人。而纽约洋基队的前明星球员贾森·吉昂比用金色的丁字裤来跟自己萎靡的状态相抗衡，也是一样，这在更衣室必然会引发轰动。而芝加哥小熊队的前外野手摩伊希斯·阿鲁会在比赛之前往自己的手上撒尿，以便更紧地抓住球棒，并防止起泡生茧，这种仪式显得更古怪。[1]

这些做法是否奇怪？这是毋庸置疑的，但是又跟特罗布里恩群岛居民的做法非常接近。若能仔细观察，就能发现有这种迷信表现的基本都是进攻方的球员，而他们掌握的控制权最少。跟他们相比，防守方的球员基本掌握了所有控制权，承担的风险要小很多。防守方的球员一般负责接球，有时也会传球。职业棒球运动员非常擅长做这种事，但对普通人来说却相当困难。美国职棒大联盟的每支球队都能达到且保持980以上的守备率，只除了美国娱乐与体育节目电视网播放的花絮。2012年，职棒大联盟的每支球队都有不低于980的守备率，连包括我喜欢的芝加哥小熊队在内的表现最差的几支球队也是如此，即棒球比赛中的防守方就好比在靠近海岸的地方捕鱼，基本不用承担什么风险。

然而，击球却截然不同，失误简直太常见了。2012年，职棒大联盟所有球队的击球率，平均下来仅为254，即25.4%。这意味着世界上最出色的棒球运动员每击四个

① 我举的都是美国职棒大联盟球员的例子，但研究表明，日本的职业棒球运动员跟他们的美国同行一样很迷信，只是跟美国人相比，他们迷信的程度要轻一些（伯格和林恩，2005年）。——原注

球，就有三个没有击中。即便是击中的球也充满变数，最终结果取决于对方外野手所在的位置，外野手的双眼有没有被阳光直接照射到，滚地球有没有撞到土堆，弹起的角度又是否有利。在击球之后，抵达一垒之前，也许会出现一千种情况，其中没有一种是球员能控制的。

艰难的岁月

在这种脆弱的时刻，我们觉得自己已倾尽全力，却还是无法掌握控制权，这时我们就会深陷迷信之中。一直以来，参战的士兵都非常迷信。美伊战争期间，很多美军士兵对杏很反感，连接近杏都不肯，更别说吃了，他们觉得杏会让自己遭遇不幸。至于原因，他们却说不清楚。

同样如此的还有努力谋生的平民百姓。在深受赞赏的作品《艰难时世：大萧条时期的口述史研究》中，史特斯·特凯尔访问了美国很多对20世纪30年代的大萧条有过切身体会的人。比如罗伯特·格瓦思米，他是一名艺术家，弗吉尼亚人的第八代，在里士满长大成人，1988年去世。跟当前一样，大萧条时期的里士满也是美国重要的烟草生产基地，因此在一定程度上避开了大萧条。因为对烟草的需求在更艰难的时期都是存在的，但是其还是未能完全避开大萧条。

格瓦思米告诉特凯尔："不少人选择了结束自己的生命。"

他说，但更值得注意的是里士满人变得越来越迷信，且对手相和神秘学兴趣浓厚，就连那些大人物和虔诚的教徒都是如此。

他表示："那时候，显灵板深受欢迎。大家若是没钱看电影，也许会提议：'今天晚上，我们一起玩显灵板怎么样？'他们问的问题也让人很意外，不是'我能不能跟去世的祖父讲话'之类，而是关系到眼前的事，比如'某人的银行明天是否会倒闭'。虽然问这种问题显得很荒谬，但那段时期，所有事情都糟糕至极。"

迷信在糟糕至极的情况下，最能体现自身价值。不管我们有没有意识到，但只要我们相信自己具备一些优势，就能在对抗恶劣的形势和巨大的压力时，拥有真正的优势。

有时，迷信只能提供又小又局限的优势。研究人员做过这样一个实验，安排一些学生做一道数学应用题。每人的应用题是不一样的，有些能够解答，有些解答不出来。之后，研究人员又安排这些学生猜字谜，并发给他们一份调查他们之中哪些人迷信，哪些人不迷信的问卷。结果显示，迷信与否发挥着巨大作用。同样是在无法解答的应用题中遭遇挫败，跟那些不算迷信的学生相比，那些非常迷信的学生猜出的字谜更多，是迷信在其中发挥着作用。

有时，迷信提供的优势却大到能决定人的生死。比如以色列军队和黎巴嫩真主党军队 2006 年在黎巴嫩南部地区开战。在 34 天内，双方一直在相互炮击，因此丧命的人上千，多在黎巴嫩境内。不少人选择向安全地带逃亡，这是可以理解的，也有一些人留在了原地。美国一队研究人员将以色列北部采法特地区的东正教犹太妇女作为重点研究对象。这些妇女发觉自己在险地中浮沉，自己能够控制的却极少，跟去外海捕鱼的特罗布里恩群岛居民没什么两样。不过，令这些妇女恐惧的是炸弹，而非风暴。无论白天还是黑夜，不断有喀秋莎火箭弹发射出来，所有地区和所有人都有可能被这些致命的炸弹击中。

研究人员希望搞清楚一点，面对这样的不确定性，这些妇女采取了何种应对举措?

部分举措是背诵《诗篇》。教徒要背诵《诗篇》的规定，在犹太法律中是不存在的，可全世界的犹太人，尤其是犹太女人，都愿意这样做。犹太女人时常低声背诵《诗篇》，同时不断晃动自己的身体。连犹太人中的非教徒都经常随身带着《诗篇》。在犹太人看来，《诗篇》的150首诗歌就是力量与保护的源头。这便是属于他们的优势，你想象不出它能发挥多大作用。

研究人员通过研究这些妇女的情绪障碍量表，判断背诵《诗篇》对维护心理健康有着显著的作用，能够减少妇女们的焦虑，能够在战争期间，让她们维持原先的生活。①

---

① 背诵《诗篇》只能让经历过作战地区那种不可控制和不可预知压力的妇女焦虑减轻，无法让已经逃离该地区的东正教妇女焦虑减轻，后者的焦虑源自相对平凡、可预知的压力。——原注

她们可以坚持下去，就像那些遭遇了解答不出来的应用题的学生。

18世纪，伏尔泰就曾表示："难以划分迷信的界限。"时至今日，这一界限还是难以划分。迷信与宗教的界限往往极其微妙，对这个人来说是迷信，对那个人来说却有可能是宗教。

但任何迷信与宗教都会混淆原因和结果，让人误会是结果导致了原因。例如在被问及寒冷的天气是否会导致关节疼痛时，很多人都深信不疑，关节炎病人尤其如此。他们同样相信，关节疼痛能预测恶劣天气的到来，将膝盖酸痛变成了穷苦人家的晴雨表。然而，研究人员前不久绘制了关节疼痛和天气的关系图表，其中显示天气变化不会引发关节疼痛，双方一点关系都没有。迷信源自信徒们简单混淆了原因与结果：关节疼痛便意味着雨水很快到来。

卡斯特最后一战

这种对原因和结果的混淆，在历史上经常跟类似于特罗布里恩群岛居民的“原始”文化和传统居民相关联。这方面最生动的例子是——至少对美国人来说是这样的——在1876年的小巨角河战役[①]中，跟所有部下一起牺牲的阿姆斯特朗·卡斯特中校。根据作家拉里·麦克默特里的记录，卡斯特的遗体没有像其余美军那样被肢解。

“不过，苏族与夏安族的女人取出了她们的缝纫锥子，把卡斯特的耳膜扎破了。因为卡斯特几个月以前跟随一个名叫‘石额头’的印第安人到夏安族的营地拜访，两人还一起抽了烟斗，这代表着和平。石额头跟卡斯特说，他跟他的军队若不想死，就不能再跟印第安人作对，事实也的确如此。卡斯特完全没有留意这句话，印第安人觉得他听别人说话时不用心，因此扎破了他的耳膜。”

---

① 1876年6月25日，美军和北美印第安人爆发的一场大战，最终印第安人在首领疯马的领导下，歼灭了卡斯特统领的美军，大获全胜。——译者注

我们的血液中依旧有迷信潜藏，哪怕我们不再扎破死人的耳膜。无论何时，迷信都不会因我们接受的教育和成熟世故消失。大家会看到，若将一架梯子竖在人行道上，大部分人都会坚决避免从梯子下边走，为此不惜绕远路，甚至走上行车道。[①]

连世人心目中极其理性的人都多多少少会有些迷信。近期有一项针对德国医学院学生的研究表明，本应极其推崇科学的医生，有些却并非如此。作为未来的医生，这些学生中佩戴幸运符的占了10%左右（瓢虫和猪的形象最得他们欢心，不知是什么原因）。

同样如此的还有政客。2012年总统大选期间，为了祈祷奥巴马连任总统，他的很多高级助理都暂停剃须，其中包括新闻发言人杰伊·卡尼、演讲稿撰写人乔恩·费儒、国家安全助理本·罗兹。而奥巴马相信，自己要赢得选举，一定要打篮球才行，因此选举当日，他打了篮球。2008年，他在民主党总统候选人的初选中，两次错过投票当日的午后篮球，结果那两次都败给了希拉里·罗德姆·克林顿。

他的一名助理跟《纽约时报》的记者说："相同的错误我们不会犯两次。"

而股市作为理性的根据地，同样迷信。丹麦哥本哈根

① 西方人认为，从梯子下边穿过会遭遇不幸。——译者注

商学院的金融学教授加布里埃莱·莱波里曾在2009年对世界各地的股票市场做了研究，发现日食和月食会影响现代股票交易者的投资决策。为此，莱波里对1928年至2008年期间发生的362次日月食之前和之后的美国股市变动做了研究，发现美国重要的股市指数通常都会在发生日月食时下降，每天10个基点，尽管不多，但已足够引发问题。不只美国是这样，莱波里发现，中国、印度、日本、泰国等其余十个国家，其股市同样会被日月食影响。这十个国家的股市一天下降8.5个基点，尽管不多，但的确出现了变动。

浅薄

有个很好的比喻，人理性的一面就好比密西西比河，宽一英里，深却仅为一英寸。理性也许还会在人遭受剧烈冲击时，变得愈发浅薄。几年前，有一项研究比较了英国人与墨西哥人两种截然不同的文化的巫术思维水准。大家普遍觉得，比起英国人，墨西哥人更迷信，因为墨西哥人对巫术的信仰有着更悠久的历史。（研究过程中发生的一件事好像为这一点提供了更有力的证据：一帮墨西哥人将一名女性研究人员团团围住，说她是一名女巫。）

但研究人员在更深入的研究中发现，一些英国人的理性十分浅薄。研究人员安排一些英国人亲眼见证了在一个很明显空空如也的盒子中，一样东西冷不丁被毁掉了，这种情况匪夷所思。这些英国人需要猜测这是科学还是巫术的结果。其中一些人获悉，要是猜错了，对自己一点影响都没有。另外一些人却获悉并确信，猜错也许会让自己的手受伤。

在发觉自己承担了很大风险，就跟那些跑到索瑞迪的希腊人一样后，这些英国人便改变了做法，一半以上的人都相信了那种迷信的解释，抛弃了理性的外衣。这时候，他们接纳巫术的程度，跟同样参与这项研究的墨西哥人没有区别。研究人员觉得，该现象说明西方文化崇尚理性，的确能对个体思维造成影响，但这种影响很浅薄。一旦超出这种影响的深度，“科学理性便基本无法再作用于巫术信仰”。

KIDDING OURSELVES:

THE HIDDEN POWER OF SELF-DECEPTION

第三部分

成功的幻觉：权力、金钱、风险

KIDDING OURSELVES:
THE HIDDEN POWER OF
SELF-DECEPTION

第八章 醉心于权力

身处逆境，几乎所有人都能忍耐下去。可你要是想测验某人的品性，就将权力赐予他。

——亚伯拉罕·林肯

读到林肯这句名言，你也许会想起一些人的名字，要么是你很看不起的同事，要么是尤利乌斯·恺撒、拿破仑这种历史名人。

在华盛顿做新闻记者这么多年的经验告诉我，纽特·金里奇是现代社会中这种人的典型代表。金里奇现在是CNN有名的评论员之一，过去曾手握重权，做过佐治亚州共和党众议员，最终在里根的总统任期内成了众议院议长。他的傲慢自大无人不知，就算在华盛顿都很少有人能达到他那种程度。

他的前竞选财务主管L.H.卡特告诉《琼斯母亲》杂志："他因权力迅速发生改变，让人完全无法想象。"在1979年两人关系破裂之前，卡特一直是金里奇的密友和顾问之一。根据卡特的回忆，进入白宫后，金里奇第一次飞回佐治亚州，便因他走出登机门后，卡特没有站在原地等待，而是像先前一样过来迎接他，而"勃然大怒"。两人很快谈到一名支持者就选票一事向金里奇发出怨言。卡特说："我批评他未能多跟民众接触，他坐在我的车上，扭头看着我说'你们都给我滚，我已经不需要你们了'。"

这种改变在经验丰富的政客看来，不会比在餐桌上说

“帮我递一下盐”更让人意外。不过，认知心理学家和其余人类行为研究人员也许会为此会心微笑。再自信自己不会掉进权力的陷阱，都不会对此发挥任何作用。人会因权力发生改变，且往往是坏的改变。权力是最佳春药，亨利·基辛格[①]在做过一项著名的研究后这样表示。我不会就此发表什么意见，但近期的研究表明，权力同样是种致幻剂。掌握权力或仅仅是认为自己掌握权力，已经足以改变人们的行为，损害人们的判断力，影响其工作成绩，更有甚者，还会对其驾驶汽车的方式造成影响。

而权力会对人的雷达造成干扰，让人在屏幕上什么都没有的时候，相信自己正对周围所有事物进行准确的追踪。这种掌权者在公司中比比皆是，也许你的老板就是他们中的一员。

有个经典的案例，牵涉到贝尔斯登银行前首席执行官吉米·凯恩。他谈到，2008年，自己告别了这家即将倒闭的银行，大家全都眼含泪水，那些伤心欲绝的银行家还站起来，用掌声送别他。

可他的下属却有着完全不同的记忆。在《纸牌屋》中，威廉·科汉提到，人们都非常厌恶凯恩，聚会期间，下属

---

① 亨利·基辛格（1923—），美国前国务卿，在20世纪70年代中美建交中发挥了重要作用。——译者注

会问：“再跟吉米这种屎一样的人共处一年，我们会受不了的，所以他到底会不会离开呢？”

凯恩下属的反叛表现引起了西班牙IESE商学院教授塞巴斯蒂安·布里翁的兴趣，他准备做一系列实验，观察掌权者会不会对下属的忠诚与支持做出过高的估计。他为多名实验对象分组，为组内每位成员安排了大小不一的权力，而这种安排是随机的。此外，他还安排了对照组。研究表明，权力比较大的组员认为，其余组员都对自己的观点持支持态度，权力比较小的组员却不这样认为。还有比这更糟糕的，他在另外一个实验中发现，就算对提高自己的薪酬没有帮助，手中无权的“工蜂”还是会团结一致，跟掌权者抗争。

这表明老板除了会习惯性地高估下属对自己的尊敬与支持外，还浑然不觉下属对自己的抗议。正如《经济学人》近期刊登的一篇文章所言，不知何故，老板待在办公室角落中，便不懂得根据员工的外在表现揣摩他们的心意了。在另外一个实验中，布里翁发现，在给员工们讲笑话时，老板根本无力分辨大家的笑是真心还是假意。

这种人完全不了解，自己的雷达已经罢工。

切断关联

这种研究能为很多老板表现愚蠢的原因做出解释。**权力会对感知力和洞察力造成影响，让人感知身边人想法与感受的能力不断下降。**老板掌握的大权就好比情感式隧道视野，会限制其视野范围，最终只能看见属于自己的见解。

比如众所周知，要让掌权者接受其余人的见解相当困难。研究人员一早便明确了该观点，而大家也许已在工作期间有过切身体会了。有个很有名的测验，能测出当事人能在多大程度上接受其余人的见解。在测验中，当事人会得到一支马克笔，并要用这支笔在自己额头上写一个“E”。你也能在家里或聚会上尝试一下。若你在额头上写的“E”，能让其余人清楚认出来，说明你在从其余人的角度看问题，自己却没有察觉。

可若你在额头上写的“E”，从其余人的角度看，就跟“Ǝ”差不多，便说明你有潜能做首席执行官，这可是件大好事。你在写这个“E”时，是站在自己的角度。美国西北大学凯洛格商学院[①]的亚当·加林斯基及其同事做了一项实验，

① 西北大学是美国顶尖的私立大学之一，位于伊利诺伊州，其中的凯洛格商学院是公认的美国最好的商学院之一。——译者注

证明掌权者的确存在这样的倾向。实验中，跟其余人相比，权力感被启动的人写出相反字母的概率几乎高了三倍。

观察世界时，若采用这种以自我为中心的方式，好像会让感觉变得迟钝，让掌权者察言观色的能力降低。加林斯基及其同事在接下来的实验中，将实验对象分成两组，分别是权力感被启动的人和没有被启动的人，然后分别向这两组成员展示 24 张图画，图画上画着快乐、哀伤、害怕、愤怒这些各不相同的表情。实验对象要说出每张图画分别显示了什么表情。跟权力感没有被启动的人相比，权力感被启动的人出错的概率要大很多。[①]

不必奇怪权力会让人做出各种各样愚蠢的举动，因为权力会让人对别人的感觉变得迟钝，而在我们看来，感觉迟钝的人必然会有这种表现。例如掌权者更倾向于从大家公用的盘子里拿走更多的饼干，更倾向于在吃饼干时张着嘴巴，喷出碎屑；更倾向于在其余人讲话时插话，私自闯入别人的私人空间；更倾向于炫耀自己给别人的恩惠，占有本属于别人的功绩，对别人颐指气使。

---

① 启动作为一种实验的手段，实验对象不必拥有某种经历，就能因这种手段的刺激，产生某种独特的心态。给人更强烈的权力感，便是其中之一。一般说来，要实现该目的，需要实验对象回想自己觉得权力感强烈的记忆，并将其记录下来。研究表明，比起让实验对象真正掌权，此举的效果并无任何差异。——原注

更有甚者，上层社会成员更倾向于制造交通事故。美国研究人员曾做过一次新奇的现场调查，来到旧金山多个车辆川流不息的十字路口，观察了几百辆车在靠近人行横道时的表现，认真记录下汽车品牌、生产时间等多个细节。结果表明，宾士等豪车更倾向于强硬地驶入其余车道和人行横道。

很明显，权力的确能造就特权。

权力失衡

因为权力会让人对别人的感觉迟钝，所以一些人可能会想，人们能从权力中得到何种利益？有这样一个假设，尽管你掌握权力后，会在跟其余人的沟通中表现迟钝，但你本人的智力却会获得提升。分清楚哪些事情重要，哪些事情不重要，在重要或当前自以为重要的事情上集中精力，便是隧道视野能带来的利益之一。弱者往往会将精力集中于周围的人与物，强者却会将精力集中于自己，二者集中精力的对象是不一样的。

在实验中，一些人的无力感被启动，跟权力感被启动的人相比，他们更能敏锐地观察周围的环境，视力也会变得更好。举个例子，他们能借助更少的眼球运动，更快地观察事物的颜色、质地、尺寸，他们也更倾向于自我克制。在实验中，权力感被启动的人更擅长把握机会，无力感被启动的人却在发现机会、把握机会这件事上表现迟钝。这是非常合理的，处境危险的弱者做错一件事，就有可能赔上自己的性命，因此会把谨慎放在第一位。

对于其余人的身体语言和情绪，无力感被启动的人感觉也会更敏锐，总是模仿对方，而自己却没有察觉。这种特质就好比变色龙，其依据是如果你手中无权，对方却手握权力，那稳妥的做法便是模仿对方的一举一动，如此一来，对方观察你的时候，看见的就是他自己，而不是你。你若想得到真实的案例，不妨在老板下一回走进办公室时，观察哪些人笑了，哪些人没笑。研究表明，老板不会模仿别人露出笑容，权力最底层的人却经常这么做，这已成了他们的一种下意识。另外，高层人员对老板露出微笑，老板会做出回应的情况少之又少。

这是一种真正的权力失衡。实际上，权力感会改变我们的大脑活动区域。我们的左脑会在权力感的刺激下变得活跃，右脑则会在无力感的刺激下变得活跃。由于大脑的活跃会对走路等基本的身体动作造成影响，因此这点非常关键。说得更具体一些，我们的注意力也会因此出现变动，不过方向是反的，比如我们的注意力会在右脑活跃时转向左侧，因此极易忽略右侧的东西。

近来，英国的研究人员做了一项实验，启动了部分实验对象的权力感，同时启动了其余实验对象的无力感，证实了这种权力的差别。两组实验对象都要像侍应生一样端着满满一杯水，从狭窄的走廊上经过。研究人员为每位实验对象的实验过程录像，并将他们撞到左边或是右边障碍的频率记录下来，从中找出了权力带来的差别，即缺乏权力感的侍应生撞到右边障碍的频率更高。

遵从自己的规则

对周围的环境保持警觉，对弱者来说至关重要，对强者来说就未必如此了。自身感受才是强者更加在乎的。掌权者是真正地被直觉驱动，他更加在乎的是饥饿等自身感受。正因为这样，他们有时会有漫不经心、冲动任性的表现。一些研究表明，强烈的权力感会让我们跟周围的环境拉开距离，对自己的内部状态更加敏感。例如掌权者会对别人的看法更满不在意，对自己的见解更有自信。

某些情况下，这能带来好处，但也会引发明显的不足：接纳别人的提议，哪怕是合理的提议，对掌权者来说都相当困难。比如在近期一项研究中，研究人员翻阅了对企业管理者决策的超过200份调查。这些管理者全都很年轻，不是那种穿着灰色法兰绒西装、脾气恶劣的白人老头。他们有很大差异，50%是美国人，25%是亚洲人，女性在其中占了1/3。他们平均年龄仅为28岁，大部分都在有几千名员工的大型公司负责研究、开发、销售、营销等各种各样的工作。

不过，他们的表现跟办公室角落中的万事通没有任何区别，这样说有何依据呢？研究人员对他们的下属做了调查，问平日里下属们的建议被他们接纳的概率有多少。答案是少得可怜，而且管理者级别越高，接纳建议的可能性越低，对接纳建议的反感程度跟管理者的权力成正比，这点尤为关键。

作为这项研究的主要作者，纽约大学斯特恩商学院的教授凯利·西伊说："就算他们其实大错特错，他们还是倾向于觉得自己是正确的，觉得自己比其余人更加正确，觉得接纳其余人的建议，对自己更多此一举。"

但该倾向变成一种自我束缚的情况却少之又少。行为研究表明，跟其余人相比，掌权者在会议、聚会或其他集体活动中，更愿意发表意见，且是发自内心的意见。相对弱势的人会假装向其他人妥协，强者却往往会不计后果，说出自己的态度与观点。总之，强者更常表现出真实的自我。

政治领域的耶稣

这种情况的典型代表是意大利前总理西尔维奥·贝卢斯科尼。这个风流的富家子曾以“政治领域的耶稣”自居。整个欧洲的人都对他很反感，因为他总是说关于艾滋病的笑话，总是提到纳粹，总是卖弄自己非凡的性能力。贝卢斯科尼2011年时已经75岁了，却表示：“要是问女士愿不愿意跟我发生性关系，30%的女士会马上说好，余下70%的女士会说：‘什么，又要来？’”

即使被爆料在性爱派对上跟未成年少女跳艳舞，贝卢斯科尼都没有半分歉疚。

他对记者说：“我不必澄清任何事，我爱生活，我爱女人。”①

贝卢斯科尼的言论并无任何独特之处，只是可能会显得很轻率。很多研究表明，适用于普通人的思维、表达、

① 但他也许会因此失去不少机会，无法跟女士坠入爱河。2013年，意大利法院判定贝卢斯科尼跟一名未成年少女发生了性交易，判决他入狱七年，并永远剥夺他从政的权利。然而，跟以往一样，贝卢斯科尼还是不肯妥协，宣称：“我是清白的。”——原注

行为束缚，对掌权者却好像并不适用，掌权者在迥然不同的心理空间中漫游。他们跟贝卢斯科尼一样，拥有属于自己的一系列规则，而这也符合我们对他们的期望，这点更加关键。近期确实有研究表明，违反规则能让你成为别人心目中的掌权者，因为违反规则就好比区分强者与弱者的沉默代码，通用于世界各地。

近期欧洲有研究表明，在咖啡馆做出往地上弹烟灰、把脚搁在桌子上等违反礼仪的行为，会成为别人心目中更有权力的人，超过了那些谨遵礼仪的人。一项调查显示，通常说来，德国对权力的定义是“可以随心所欲地违背社会规则，却不用遭受任何惩处”。违反规则在很多西方国家，确实已经成了权力的标志。

权力引发幻觉

换句话说，掌权者手握免费的通行证。如此一来，他们总是狂妄自大到惊人的程度，就可以理解了。最近有研究表明，要避免这种情况的发生，基本是不可能的。斯坦福大学教授纳撒内尔 ·法斯特及其同事做了一组实验，结果表明虚幻的控制感属于心理感受到权力后的一项基本反应。

法斯特及其同事发现，得到权力后，人的控制感会随之膨胀，认为自己控制领域以外的对象，自己也能控制了，比如警察。更加糟糕的是，像掷骰子、掷硬币这种根本不可能控制的对象，他们也认为自己能够控制了。

他们深陷迷惑之中不能自拔。这种迷惑会造成深远的影响，导致这些掌权者“彻底脱离现实，以至于做出过分自信的决策”，法斯特这样表示。曾获得诺贝尔经济学奖的丹尼尔·卡内曼和他的同事丹·洛瓦洛在《哈佛商业评论》2003 年刊登的一篇被广泛援引的文章中证实，这类行为会出现在企业高管身上。两人表示，把重要投资项目、兼并与收购、市场投入的实际结果，跟高管对这些风险项目的预测进行对比，对其展开多项研究的结果都表明，高管的预测大多太过乐观，脱离了现实。大部分大型投资项目都不能如期完成，都会花费比预算更多的资金，结果却不像预测的那么理想。北美新建立的制造厂中熬不过前十年便倒闭的，占了总数的 70% 以上。并不划算的兼并与收购项目，占了总数的 75% 以上。研究人员据此判断，企业高管“容易产生幻觉，觉得自己控制了一切”。

支付多少钱

更接近现在的研究表明，比起他们实际知道的，决策者往往觉得自己知道得更多，他们将为此付出沉重的代价。有个典型的案例，就是国家橄榄球联盟[①]。耶鲁大学的凯德·梅西和芝加哥大学的理查德·塞勒这两位有名的商学院教授，前段时间对国家橄榄球联盟高管每年花费上百万美元在大学选举新秀的决策做了检查。对橄榄球了解不多的读者需要留意，选举新秀是相当重要的。选秀期间，各支球队要选出本队的未来之星，同时确定支付给他们的酬劳（国家橄榄球联盟的球员年薪平均下来，在110万美元以上）。这项决策会受多种因素影响，若做出了糟糕的决策，也许会让球队在一个赛季中落败，进而断送球队在国家橄榄球联盟中的前程。

但这些高管做出的决策有多出色呢？梅西和塞勒为了解答这个问题，对1994年至2008年的选秀结果做了分析。而为了达成我们的目的，我们需要讨论的是他们在分析中

① 国家橄榄球联盟（National Football League），简称NFL，由三十二支来自美国各地的球队组成，是全世界最大的职业美式橄榄球联盟。——译者注

发现的两点。

第一，国家橄榄球联盟的高管眼光并不好。他们首选球员成功的概率只有50%。“对所有比赛、位置、年份的综合分析表明，首选球员只有略高于掷硬币的概率，才能证实自己比排名紧随其后的球员更为出色。”梅西和塞勒这样写道。

第二，球队支付给球员的薪水往往超出了后者实际创造的价值。研究人员指出，该状况出现的方式“与理性的预期不相符”，这是对球员薪水高得过分的婉转说法。两名教授在对十四年间超过1.2万项选秀结果做出分析后发现，在选秀中，球队的最佳选择是首选球员以外的球员。

看过《点球成金》[①]这部电影的人可能已经听说过，用更少的钱让排名略靠后的球员为本球队效劳的策略了。然而，就算是会让人浪费很多钱的恶习，改正起来也是相当困难的。近期，宾夕法尼亚大学沃顿商学院的马修·比德韦尔的一项研究表明，企业高管跟国家橄榄球联盟的高管采取了非常相近的做法。当出现职位空缺时，企业往往倾向于付出更多的钱从企业外部招聘。比德韦尔发现，跟企业内部员工相比，企业外聘员工做的是相同的工作，拿到的薪酬却要多18%到20%，而其工作成绩却多半逊色于前者。如此一来，国家橄榄球联盟的情况便在企业中上演了，企业老板用更多的钱换得了更少的回报。

---

① 2011年上映的一部美国电影，讲述了一支棒球队的总经理如何以小博大，经营球队的故事。——译者注

去追逐

为什么老板遭受了这么多攻击，还是会登上且始终维持老板的地位？这个问题由来已久，但是权力可以让人直接采取行动，是其最大的优势。一旦获得了权力感，行动受到的约束便不复存在了。对掌权者来说，根本没有所谓社会规范、其余人的观点和深入的思考。掌权者看到的障碍很少，思考问题的方式并不复杂，做决策时，往往会遵循固定的模式。比如在招聘新员工时，酒店主管往往会以固定模式为依据，其下属却会尽量避免犯同样的错误。

掌权者因此能在自己追逐的对象上集中精力，不必被无关的信息或是他们觉得无关的信息打搅，比如其他人的感受。至于为什么会这样，荷兰最近的一项研究或许能提供解释。借助大脑扫描，研究人员首度证实了权力感能直接激活大脑内部调节所谓“趋向行为”的动机系统，即能让人“去追逐”的东西，食物、性、身体的舒适等各种东西都可以。你追逐这些的热忱，会随着权力感的增加而增强。

从这种意义上说，权力迫切想要为人所用，就像钱被放到了有窟窿的口袋里。掌权者刚好就采取了这种做法。为了实现自己的目标，掌权者可以肆无忌惮地使用权力，包括随便炒员工鱿鱼，在性爱派对中度过一个周末等。

这种固执的特质是通向大大小小的成功的捷径。就算不是商人，也不可避免会遭遇谈判这种商业状况，比如购买新房子时砍价，离婚时争夺一张沙发，刷碗时想要推给对方等。当谈判代表是我们无法逃避的一项工作。

围绕着谈判的艺术，已经出现了不计其数的商学院论文。这的确是一门艺术，请不要误会。不过，这门艺术大半都将归为怒气冲冲的人可以达成自己的愿望这一粗鲁的结论。一些研究表明，只要对方表现怒气冲冲，谈判代表多半就会做出更多的妥协。

对强悍的谈判代表来说，这已经不是什么秘密了，他们之中的很多人都采取了这种手段，并取得了巨大的成效。塞尔维亚军事领袖拉特科·姆拉迪奇，便是近期最声名狼藉的代表人物之一。20 世纪 90 年代初期，他领导了萨拉热窝围攻战，以及二战过后欧洲最大规模的屠杀——斯雷布雷尼察大屠杀。谈判期间，这个恐怖的人总是丧失理性。

调停波斯尼亚战争期间，美国首席谈判代表理查德·霍尔布鲁克见识了姆拉迪奇措辞激烈的演讲。第一次跟姆拉迪奇见面，霍尔布鲁克便对其印象深刻。

见面之后，霍尔布鲁克写下了这样一番话：“比他更像罪恶战犯的人，在好莱坞都找不出一个来。对他最恰当的形容就是，他瞪着愤怒的双眼，好像要跟所有美国人比赛谁的眼睛瞪得更大……在我看来，像他这种有魅力的杀人凶手，是历史偶尔才会造就出来的可怕组合。”

根据霍尔布鲁克的说法，谈判期间，美国将军开始宣读和议草案的那一刹那，“忽然，姆拉迪奇就爆发了。他来到大家中间大骂起来，骂了很久才停下，显得十分情绪化”。

霍尔布鲁克写道：“尽管他的怒气到底是真的还是假装的，我并不清楚，但毋庸置疑是姆拉迪奇的做派。”

不过，长远看来，姆拉迪奇当然未能如愿。几年过后，他以战争罪的罪名遭到逮捕。眼下，他正在海牙，等着接受审判。但仅就当时而言，他的做法取得了很好的效果。究其原因，是因为他的做法能产生两种结果：一是让当前的谈判代表做出更多的妥协，二是让将来的谈判代表心理受到影响。对谈判代表来说，对方的名声往往能带来沉重的压力，影响他们在谈判过程中的关注对象与利益，并推动他们选择不同的方法。

穿上避弹衣

欧洲的谈判策略研究人员，近期有两项发现。第一，愤怒能发挥作用，这点之前已经提过了。研究表明，跟快乐的谈判对象相比，愤怒的谈判对象会让对方做出更多的妥协。不过，第二项发现是愤怒发挥的作用会被权力抵消，这点更加关键。大致说来，谈判对象的情绪如何，不会对掌权的对手发挥作用，这就好比你的情绪如何，你的老板可能根本不会在意。

在这一章中，我反复提到，掌权者只在意自己的情绪，不在意其他人的情绪。他们的关注点不在外部，而在内部。所以不管谈判对象如何大发雷霆，都不会对他们造成任何影响。权力能将愤怒直接弹出去，一如穿了凯夫拉避弹衣。

更深入一层，研究还表明除了谈判对象的行为外，其名声同样无法对掌权的谈判代表发挥作用。为了研究权力感如何作用于工商管理硕士学生——他们以后也许会经常参与谈判——的谈判策略，美国的研究人员做了另外一组实验。他们安排这些学生进行了一场关于收购制药公司的模拟谈判。他们跟一些学生说，对方很有合作的意向，跟另外那些学生说，对方是一名以强烈竞争心闻名的主管，跟姆拉迪奇有相同的做派。谈判之前，学生们的态度便被操纵了，一些学生觉得自己得到了很多权力，另外那些学生却没有这种感觉。

谈判期间，这两种感觉带来了巨大的差距。权力感缺失的学生对谈判对象的名声非常敏感，有权力感的学生却倾向于忽略谈判对象的名声，二者完全相反。明知谈判对象的侵略性远近闻名，掌权者也不会放在心上。凭借自己手中的权力，掌权者觉得自己无坚不摧。这是一种幻觉，可在这种情况下，这种幻觉却能带来好处。

KIDDING OURSELVES: THE HIDDEN POWER OF SELF-DECEPTION

第九章 那不会发生在我身上

我们只会自我欺骗，不会被别人欺骗。

——歌德

从很多方面看，马克·格尔森的人生都称得上一帆风顺。他是乔治城大学优等生荣誉协会的成员，经济学最出色的学生，并以辩手身份得过奖。此外，他还得到了加利福尼亚大学伯克利分校的奖学金。大学二年级，他在乔治城大学法律系就读，给每一位教授都留下了深刻的印象，一位教授表示，他的表现“不管在什么情况下，都显得那么出众”。

然而，之后回想起来，愿意承担风险才是格尔森真正了不起的地方。那时候，很多人都不了解，格尔森的生活一分为二，白天是法律系的学生，到了夜里，就开始借助复杂的社交网络售卖冰毒。虽然需要承担风险，但这件事有利可图，格尔森从中赚到了超过10万美元。当着同行的面，他热衷于吹嘘自己的经营之道，到了最后，他就栽在了吹嘘这件事上，有人向警方举报了他。2011年12月，格尔森来到华盛顿特区一家精品酒店，准备跟人见面。警察将他包围起来，最终逮捕了他。

真相在案件调查过程中越来越清晰：毁掉格尔森的是他的自负，而非竞争对手的妒忌。格尔森觉得自己这么聪明，根本不会遭到逮捕。

美国助理律师马格德林· 阿塞韦多、帕特里夏·斯图尔特写道："他的毒贩同行、客户，以及他本人的供词都显示，他好像觉得凭借自己的智慧，能逃脱法律的制裁。"

格尔森于2013年1月被判处四年监禁。美国地方法院法官雷吉·B.沃尔顿在宣判后表示，一个这么聪明的人铤而走险做这种事是为了什么，自己完全说不清楚。

他说："这真让人难以理解。"

面对风险，我们过于乐观

这可能难以理解，却非常普遍且人性化。评估风险时，所有人都会觉得坏事不会发生在自己身上，这是种通病。大家总觉得自己做的事，像出轨、逃税、贩毒之类，都不会被人发现。越是成功人士越觉得自己会免于灾祸。对此体会最深的莫过于迈克尔·维克。我为写本书做研究时，在华盛顿特区的一座教堂，费城老鹰队的这名四分卫跟一群人说，自己之所以被逮捕入狱，是因为以前经营了一家斗狗场，现在后悔不迭。

可是他为什么要那样做呢？

维克说："我从来没想过自己会被逮捕。"

为什么他会有这种念头？

"你也了解，我算是个有钱人，事情的发展应该会如我所愿。"

所有人都觉得事情的发展会如自己所愿。尽管大部分人都没犯过罪，但心底都跟这些犯过罪的人一样，觉得在相同的情况下，别人会遭遇的风险不会降临到自己头上，觉得自己"很特别"。很多研究表明，在评估心脏病发作、罹患癌症、离婚等不好的事情发生的可能性时，我们都倾向于低估风险，不过，只是低估自己会遭遇的风险。每天都会有人因心脏病或是癌症离开人世，结婚以后便有可能离婚，这些我们都很清楚，但我们觉得它们不会发生在我们身上。我们如此聪明，知道什么是概率，并认为自己能打败概率，跟马克·格尔森没有区别。

像我们这样的人，被心理学家称作“风险乐观主义者”。这种过分乐观的倾向，属于认知心理学最重要的发现之一。该状况基本可算是一种普遍特性，已经利用多种方式，在多个地区和群体中验证过了。[①] 例如有 90% 的汽车司机觉得自己出车祸的概率比其他司机更低，因为自己开车比他们更可靠。烟民同样如此，他们认为跟其他烟民相比，自己承担的风险更小，哪怕他们明知道抽烟的风险统计也是一样。一项研究表明，大部分重度烟民就算一天吸烟 40 支以上，也还是觉得自己承担的风险一点也没增加。

可要说最不现实的乐观主义者，应该是并不以乐观闻名的荷兰人，准确说来是荷兰那些长时间从事性行为和性传播疾病研究的男性和女性。研究期间，他们之中的很多人都比普通荷兰人更频繁地发生性行为，以此保证研究的

① 只有抑郁症病人这一个群体不会过分乐观，这点很有意思，也很重要，我们会在之后再度提及。——原注

准确性。其中就包括阿姆斯特丹规模最大的性病诊所的病人，这些人要么是妓女，要么是嫖客。能够想象，如此频繁的性行为将引发如下后果：正患有性病的研究对象，超过了总数的 25%；此前的五年内患过一种性病的研究对象，占了总数的近 50%；曾经卖淫或嫖娼的研究对象，占了总数的近 70%。可是他们却总觉得跟其他年龄、性别跟自己一样的人相比，自己罹患性病的概率更低。很明显，这种希望跟荷兰的郁金香一样，永远欣欣向荣。

我们和他们

无论何时，过分乐观都不是什么坏事。我们将会发现，乐观甚至是盲目乐观都可能是好事。如果你是一名19岁的步兵，要在登陆日顶着德国军队的猛烈进攻，登陆诺曼底，那么对于自己到底有多大概率存活下来，你可能并无兴趣。

不管这种盲目乐观能带来什么结果，好也罢，坏也罢，我们都需要回答这种乐观源自什么。部分可能源自自我欺骗，这点很有意思。我们看待自己的方式，跟我们看待其他人的方式，好像存在本质性差异。研究表明，我们根本无法客观看待其他人，不管我们跟他们在礼拜日上午合唱过多少支圣歌，都不能改变这一点。从本质上说，他们在我们眼中就是因循守旧、人云亦云的人，跟一群羊没什么两样。其他人的行动会对我们造成很大影响，从此前的半个世纪中能找出很多类似的证据，支持这一观点。例如在速溶咖啡、垃圾回收、衣服乃至汽车等很多方面，人们都展现出了相同的喜好。

只有我们本人与众不同。我们倾向于把自己看成意志坚定之人，宛如踽踽独行的孤狼，也就是万宝路香烟的广告模特形象。特别是美国人，他们多半觉得自己的生活不会被每天早上坐地铁时身旁围绕的笨蛋影响，完全掌握在自己的自由意志中。我们是自己人生之船的船长，自己命运的掌控者，其余人全都是羊。这导致我们的自我评价和对前途的估测越来越乐观。调查显示，我们之中的大部分人都觉得，跟其他人相比，自己变成有钱人的概率更高，感染传染病的概率更低。这是为什么呢？因为我们是我们啊！

我们都很会省钱

更有甚者，我们会倾向于觉得在诸如财务管理等生活技巧方面，其余人同样比不上我们，因为他们都很蠢。近来，耶鲁大学的一项研究表明，我们觉得购买相同的东西，其余人花费的钱会比我们更多。我们总觉得其余人不管买什么东西，都会比我们花更多的钱，包括购买泰迪熊、iPhone、登月旅行等。有一项研究调查大家愿意为得到满口完美的牙齿付出多少钱，要是你想知道的话，答案是平均 692 美元。可调查对象都觉得，其余人会为此付出 1349 美元，基本相当于平均值的两倍。卖东西时，也存在相同的偏向于自己的情况。在被问及要向他们支付多少钱，才能让他们做一些让自己出丑的事，比如剃光头等，大家的答案平均下来是最少需要 766 美元。不过，这些人又觉得，换成其他人，只要向其支付 222 美元就足够了。

不是只有某个人或某个国家，才会把自己和世界的其余部分割裂。有一项大规模的研究跨越九个国家，涉及超过七十项生活满意度，结果显示大家都倾向于认为，自己的生活质量在不断提升，本国的总体生活质量却在不断下降。

这种针对其余人的观点并不讨人喜欢，但好像非常准确。事实上，我们比我们愿意承认的更像羊群，这点你应该已经有所预感。我们都会模仿别人，只是程度不一。跟别人交流时，我们会下意识模仿别人的姿态、手势，乃至面部表情，并有模仿别人观点的倾向。研究表明，面对一系列不可靠的投票表决，加利福尼亚的选民会下意识地模仿自己支持的政党投票，他们的思想独立性并不像他们想象的那样坚定。

天生的愚蠢

不过，我们的观点却并非如此。在我们看来，适用于其余人的行为与规则，无法对独立自主的我们发挥作用。（就像那个墨西哥强盗在电影《灼热的马鞍》[1]中的台词："什么徽章？我们不需要任何徽章。"）我们认为从本质上说，自己有别于其他人。我们总是做一些危险且愚蠢的事情，原因就在于此。

已故的斯坦福大学心理学家阿莫斯·特沃斯基，多年前借助自己的研究，帮助建立了现在的行为经济学。他曾说："同事们研究的是人工的智慧，我研究的却是天生的愚蠢。"这句话让我印象深刻。

这在他们眼中是一个广阔的领域。每一天，我们都会读到或是听说一些事情，让我们非常不满。我今早收到了一封朋友发来的电子邮件，内容是这样一则新闻：洛克希德·马丁公司的一名高管跟下属发生婚外情，被人发现了。新闻中谈到，这件事被公之于众，恰好发生在这名高管即

---

① 上映于1974年的一部美国西部片。——译者注

将被提拔为首席执政官的几个星期以前。我的朋友说："你会觉得，他面对上百万美元的风险和经营一家大公司的良机，会表现得更加克制。"

你是会这么想。

但实际上，我们所谓天生的愚蠢仅仅是风险乐观主义的伪装而已。大家不是因为愚蠢，才去做愚蠢的事。一般说来，做蠢事的都是聪明人。他们觉得自己的所作所为不会泄露出去，所以才会做愚蠢的事。这类人或事，你应该能想到很多，比如总统候选人约翰·爱德华出轨，自行车运动员兰斯·阿姆斯特朗服用兴奋剂，金融家伯纳德·麦道夫诈骗钱财。为什么他们会为了得到一些微不足道的东西，甘愿承担丧失名誉、事业、家庭、财产的风险？其中的确牵涉了《旧约全书》中记录的贪婪与欲望。然而，每天都在忍受这些引诱的我们却不会偷走几亿美元，也不会在竞选总统期间出轨。这些人对个人风险的认识严重扭曲，以至于从某种程度上说，他们觉得自己不必为自己的行为承担后果，这样回答更具说服力。说到底，你若认为自己因为犯罪受到惩罚的风险为零，就不用在乎这种惩罚是什么。

哦，加拿大

这种计算将通过多种方式，对我们的行为造成影响。我个人有个亲身经历的小例子，我曾在数年前，在加拿大安大略省的苏圣玛丽市遭遇了一次大规模的停电事故。为了打发时间，我来到外边翻阅当地的报纸。《加拿大人不会进行安全的性行为》这个标题吸引了我。我准备吃完晚饭，拿这则新闻跟我的加拿大朋友开玩笑，于是把新闻撕下来放到了自己的衣兜里。但之后，我又把它取出来，更加认真地读了一遍，因为此时的我已经没什么可读的了。新闻中谈到，大部分加拿大人都相信要防止艾滋病的传播，使用避孕套是一种切实可行的方法，但绝大多数人都不愿意使用避孕套。

在这则新闻中，性学专家指出这是一种让人费解的矛盾。

他说："很明显，在此前的三十年间，加拿大人的态度发生了改变，可是行为却没有改变。"

也就是说，改变的是他们的态度，而非行为？听起来怪怪的。但是想想我们之前探讨的"我们和他们"，就会发现这点是合乎情理的。为什么合乎情理？因为从这个角度说，避孕套之所以存在，是为了给其他人使用。对风险乐观主义的研究表明，觉得自己对特殊情况的控制程度越高，觉得自己需要承担的风险就越低，乐观和控制感之间存在密切关联。我们觉得，跟乘坐由别人开的车相比，乘坐由自己开的车，遭遇意外的可能性更低。这是为什么呢？因为在后一种情况下，司机是我们本人。一如之前谈到的，大部分人都觉得自己作为一名司机，水平相当高。

在性关系中，这点同样适用。选择性行为对象的决定权掌握在我们手中，这时的我们就跟掌握方向盘的司机没什么两样。我们觉得在辨别何种性行为对象和性行为方式会让自己感染性病方面，自己堪称好手。就算有大量证据显示，情况并不像我们想的这样，我们还是坚信，悲剧不会降临到自己身上，真是可悲。最近一项对美国女大学生的研究表明，在评估感染性病的风险方面，她们都表现糟糕，比起她们的评估结果，她们实际感染性病的可能性高出了整整一倍。

我们会为了获得更多的安全感欺骗自己，这种态度会对我们的行动直接造成影响，因为我们没必要为自认为不存在的风险做预防。然而，这种做法往往会适得其反，这点颇具讽刺意味。若我们觉得自己是可靠的司机，不会遭遇交通事故，就不会系上安全带或采取其他举措保护自身。

如此一来，我们反而需要面临更多的风险。而越是成功（或是觉得自己成功），我们越会觉得自己刀枪不入，这点更加糟糕。这是为什么呢？因为我们认为，是我们的行动造就了成功。相关研究有很多，但总体而言，都能得出这样的结论：我们在谈到为什么某件事会降临到自己头上时，都像患了精神分裂症。我们总倾向于将不幸归咎于自己无法控制的事，相关例子你能想到很多，比如狗叼走了我的家庭作业，大学招生办怀有偏见，老板不喜欢我，等等。与此同时，我们又总倾向于将好事归功于自己。我们觉得，像薪酬增加、赢了一场游戏等各种各样的好事，都是自己努力的结果。

高风险业务

上述扭曲的看法不仅会影响我们个人的决策，还会影响企业的决策。研究表明，企业高管都倾向于像女大学生、加拿大人那样进行自我欺骗：自己是汽车司机，自己的汽车还是防弹的。企业高管因此对自己正在承受的种种风险一无所知或是不愿承认。

比如雷曼兄弟公司，大家还有印象吗？鼎盛时期，雷曼兄弟公司堪称华尔街最强大、最自负的公司之一。那时候，理查德·福尔德担任公司首席执行官，自诩是管理市场风险的高手。

不过到了2007年，金融危机期间，有传言称雷曼兄弟持有大批垃圾股，根本卖不出去。接受访问时，福尔德说："我们有没有卖不出去的股票？有。我会不会为此担忧？不会。我们为其重新定价，会不会损失一些钱？会。我们会因此倒闭吗？不可能。"

结果雷曼兄弟一年后倒闭了。2008年9月，雷曼兄弟背负着6000亿美元以上的债务，挣扎了一段时间后，终于向美国破产法院申请保护，创造了美国历史上最大规模的破产纪录，直到现在也没有被打破。

这是为什么呢？有很多原因。之后在一份几千页的报告中，由破产法院委派的一名鉴定人员将这些原因全部罗列了出来。不过，他又指出，根本原因在于，雷曼高管在信贷和房地产市场出现紧缩迹象后，选择了“忽略或是拒绝对公司进行风险管控”。

什么风险管控？这种玩意我们根本不需要。

平心而论，雷曼兄弟公司并非特例。一篇评论指出，美国国际集团、美林证券、贝尔斯登等很多处境艰难的大型金融公司的高管，都持相似的态度。通常说来，这些公司的决策者都对风险颇为了解，却总是低估本公司的风险。例如，美国国际集团的前任首席执行官，2007 年底在跟投资者举行的电话会议中，就导致亏损的信贷违约掉期业务发表了这样的观点：“我们在签字批准进行该业务之前，经过了谨慎的思考……基本不可能连续导致亏损，我们对其有信心。”结果美国国际集团后来亏损超过 130 亿美元，为了救助他们，政府需要拨款超过 1820 亿美元。

苦药

我们倾向于乐观估计自己将要面临的风险，这一方面能帮助我们了解人类的行为，另一方面也能帮助我们改变人类的行为。由于很多人乃至绝大多数人都致力于说服其他人，因此这点很重要。为了让其他人做我们想让他们做的事情，我们耗费了不少时间。这些事情包括系安全带，戴安全帽，用避孕套，勤洗手，用母乳喂养婴儿，买新智能手机，买彩票，或参与一场辩论。有时候，我们会成功，但有时候，我们也会失败。关于失败的原因，我猜不是我们努力的程度不够，而是我们未能明确大家都倾向于在自己和世界之间所划的那条界线，找到这条界线，我们便能取得成功。

这种观点并不抽象。无视对个人风险意识造成的影响，再好的想法或产品都有可能失败。美国药品监管机构 2010 年批准生产一种新型紧急避孕药。跟市场上常见的药效仅能维持三天的紧急避孕药不一样，这种新型紧急避孕药可以在无保护措施的性行为后五天内，持续发挥避孕药效。这种药名为艾拉，是法国一家小型制药公司的产品。

统计数据显示，艾拉市场广阔。美国尤其如此，美国平均每年有650万女性怀孕，意外怀孕占50%左右。此外，有研究显示，每天晚上平均有100万以上的美国女性进行了无保护措施的性行为，而她们本身并不想怀孕。这表明艾拉的潜在用户每晚超过100万人，这是从理论上获得的数据。

然而，艾拉的实际发展前景却好像没有这么理想，这点通过认真观察就能看出来。要找到原因，还要从为什么这么多女孩明明不想怀孕，还要在没有保护措施的前提下发生性行为说起，这个问题源自前一段内容。答案有很多，不少都牵涉了酒精，抛开这一点，对个人的风险过分乐观，也是原因之一。在没有保护措施的前提下发生性行为，有可能导致意外怀孕，对于这一点很多女性并不是不了解，可是她们都不相信，那种事情会降临到自己头上。

这一意识听起来毫无依据，实际却并非如此。要是你骑车或是开车时会超速，就回忆一下初次超速时发生了什么。你有没有被抓住？可能没有。第二、第三次超速，你也许也没被抓住。一段时间过后，对于超速一事，你或许就会变得满不在意了。同样如此，还有在没有保护措施的前提下发生性行为。女性因此怀孕的概率仅为5%左右，即不会怀孕的概率为95%左右，这一数据颇具说服力。女性在数次没有保护措施的性行为过后，都没有怀孕，便倾向于认为日后再这么做，也不会怀孕。如此一来，女性就算得到了免费赠送的紧急避孕药，也不愿意服用。

普林斯顿大学人口研究办公室主任兼艾拉制造商的免费顾问詹姆斯·特拉塞尔博士表示："紧急避孕药根本不会对怀孕率造成影响。女性服用紧急避孕药的次数，并不足以影响该数据。"

思考一下这一说法对紧急避孕药市场意味着什么，一样商品若大家根本不会用——哪怕它是免费的也一样，销售就会变得相当困难。

医生为何不洗手

接下来说说洗手这一基本卫生问题，我们期待所有人都能做到，但做到这点却颇有难度，医院尤其如此。你信也好，不信也好，这就是事实。根据调查，医生和护士洗手的频率，最多只能达到合格水准的1/2。结果自然是加剧病毒传播，没有一点是好的：你会生病或是病得更加严重，在医院待的时间更长，花费的保健费用也更多。

可要让医生和护士改变这种习惯难度更高，简直是不可能的。医生和护士被欺哄了这么多年，依然坚持不按照要求洗手。医院尝试过贴出警示，安装自动感应洗手器，用免洗酒精洗手液取代使用很麻烦的肥皂，各种方法都试了一遍。医院还在大家抱怨酒精刺激皮肤，导致皮肤干燥时，在其中加了芦荟。更有甚者，有家医院还奖励洗手最勤快的部门免费的电影票。可不管采取什么措施，都无法取得突出的效果，对医生尤其如此。

宾夕法尼亚大学沃顿商学院和北卡罗来纳大学商学院的两名教授，从2011年开始站在新的视角，对该问题展开研究。一开始，他们提出了一个非常实际的问题：医生为何不洗手?

得知这个问题的答案，你也许会很吃惊。医生之所以这样做，是因为低估了这种做法的风险，跟没有保护措施就进行性行为的女性没什么两样。而医生的这一信念源头是经验，同样跟这些女性没有区别。时常接触疾病的医生很少生病，即使生病也难以判定病因是不是自己不喜欢洗手。正因为这样，就像那些回想起自己在没有保护措施的性行为过后没有怀孕的女性一样，医生也会倾向于回想起自己以前没有洗手，结果也没有生病。就像一位医生说的那样：“作为医生，我是受保护的。”

然而，了解医生等人不洗手的原因还是次要的，更重要的是怎样改变这种态度和行为，这对医院、对我们来说都很关键。

两名商学院的教授为此做了一个实验——学术研究人员都喜欢这样做。这个实验是在医院，而非实验室进行的。首先，两名教授制作了一块写有“保持双手洁净，可避免你感染疾病”字样的警示牌，这在医院是很常见的。

随后，两人将这种警示牌挂满了医院所有的洗手区域，观察会发生什么事。结果一无所获，洗手率还跟往常一样低。

实验到这时才正式开始。两名教授又制作了一块跟第一块基本一样的警示牌，只是用“病人”替换了“你”，警示牌变为了："保持双手洁净，可避免病人感染疾病。"[1]

借助这小小的改变，两名教授期待医护人员能站在不同的视角评判风险。警示牌突出了病人将要面临的风险，而非医生、护士将要面临的风险。从理论上说，医护人员会为保护病人花费更多心血，因为他们觉得比起自己，病人感染疾病的风险更高。

两名教授发现，实情的确如此。医生、护士洗手的频率和使用杀菌肥皂、洗手液的数量，都比之前增加了。实验持续了两个星期，期间平均每台洗手器的洗手液用量增加了45%以上。跟病人接触前后，洗手的频率也增加了10%。

好像并不多，可研究人员计算出，平均一年下来，医院内部的感染病例将因此减少上百例，节省资金30万美元。只因发现了评估自己面临的风险时，人们倾向于像马克·格尔森一样盲目乐观，才会出现这样的好结果。

---

① 为了对比，医院管理者制作了第三块警示牌，上面写着"洗手能洗掉细菌"。——原注

KIDDING OURSELVES:
THE HIDDEN POWER OF SELF-DECEPTION

第十章 在暴风雪中坚持下去

缺少幻想的人无法得到快乐。

——克里斯蒂安·奈斯特·博维

青年时期，雷·布雷德伯里[①]就对被人拒绝习以为常。12 岁那年，他立志要成为一名作家，但有这种想法是一回事，真正去做又是另外一回事。少年时期，布雷德伯里开始给出版社投稿，但很快就会被退回来。他回想起 1935 年，自己收到的退稿就像暴风雪一样。从这一年直到 1937 年，甚至 1938 年，这场暴风雪从未间断过。他把退稿信贴在墙上，把几个房间的墙都贴满了。那段时期正值经济大萧条，大家手头都非常紧。布雷德伯里也不例外，没有办公室，连电话都没有，只能借用对面加油站的电话。每回那里的电话响，“我就要飞快地跑过去接起来”，他这样跟一名采访者说。

即便如此，他还是坚持了下来。每天，他用于写作的时间都在四小时以上，用的是屠夫用来包肉的纸，他身边刚好就有这种纸。他独立创作了上千篇短篇“恐怖”小说，结果全部遭到退稿。1941 年，他卖出了自己的第一篇短篇小说。1947 年，他出版了自己的第一本小说。到了 1953 年，

---

① 雷·布雷德伯里（1920—2012），美国著名作家，以短篇小说著称，另外著有《华氏 451 度》等长篇小说。——译者注

他的成名作《华氏 451 度》出版了，在世界各地的总销量达到了上千万本。作为一名出色的科幻小说家，布雷德伯里从此站稳了脚跟。在之后的数年间，他创作了更多的作品，包括二十七部小说，六百多篇短篇小说，以及影视剧本。

2012 年，布雷德伯里去世，享年 91 岁。在此之前，他回忆了自己走向成功的过程，而自己面对暴风雪一样的退稿，怎样坚持到了最后，成了他回忆的重点。

他表示："暴风雪看起来永远不会停止，但实际并非如此。"

暴风雪只是看起来永远不会停止。不管尝试做什么高难度的事，在过程中，我们都会感到暴风雪永远不会停止。道路越来越难走，雪越积越厚，我们失去了方向感。然而，在这种情况下，自我欺骗的价值将达到最高。因为在我们和现实之间，将出现幻想制造的一条缓冲带，帮助我们熬过这场暴风雪。为了远离痛苦，我们会为自己编造一些小谎言，至少在短时间内说服自己相信，真的是假的，假的却是真的。

正因为这样，成功与幻想往往关联紧密。人们若要创新或完成艰难的工作，往往会发现暂时逃避现实是很有必要的。

作家迈克尔·刘易斯[①]曾说：“我最好的决定有很多都诞生于幻想的状态中。”他创作了《魔球》《说谎者的扑克》等畅销书，代价是在20世纪80年代放弃了华尔街薪酬高达六位数的工作，这相当于财务方面的自杀。他做自由撰稿人的前四年，总共赚了3000美元。“尝试成为作家期间，要想长期坚持下去，一定要借助少许幻想才行。”

“少许”是这句话的关键所在。太多的幻想会让人发疯，少许幻想却能让人保持乐观，这是人们坚持下去的重要支柱，就好比食物中对人的身体健康必不可少的矿物质微量元素。重要的是我们对自己和自己的未来是否乐观，而不是我们对此的认知是否准确。“乐观对我们的生存也许相当重要，以至于要在大脑，也就是我们最复杂的器官上深深嵌入乐观。”认知神经专家塔利·夏洛特这样表示。如果要不断根据眼前的情况进行自我欺骗，才能保持乐观，那么我们完全可以这样做。长此以往，我们将从这种自我欺骗中获得很高的回报。

---

① 迈克尔·刘易斯（1960— ），美国著名作家，代表作有《魔球》《说谎者的扑克》《大空头》等。他将自己的小说《大空头》改编成同名电影，获得了第88届奥斯卡最佳改编剧本奖。——译者注

幻想和生产力

现在来看一下得克萨斯大学教授张颖、芝加哥大学教授艾莱特·菲什巴克最近做的一组实验。两名教授将一些人集中起来，安排他们工作并估测何时能完成工作，就像雇佣承包商在自家工作那样。两名教授还要求这些实验对象一旦完成工作，就要告诉他们。两名教授由此得到了两个重要的信息：一是大家估测工作所需的时间，二是大家实际耗费的时间。

通过这项实验，他们得到了两种结果。第一，实验对象在估测时间时，都会表现得过分乐观，跟他们的估测相比，他们实际所需的时间更长，这点大家都能猜测到（这可不是什么新发现，过去便有研究表明，在估测工作需要的时间时，大家往往会过分乐观。这种承包商错误也可以称为计划错误）。

更有意思的是第二种结果。跟估测工作所需时间不太乐观的人相比，最乐观的人尽管估测得最不精准，但实际耗费的时间却要少一些。即乐观的实验对象工作起来效率更高，只是估测时间的精准程度较低。

幻想和成果的关系便由此展现出来。**跟那些更加现实的人比起来，拥有积极幻想的人会取得更多的成果。**一些人并不赞同，跟张颖教授同样供职于得克萨斯大学的拉吉·拉古纳赞表示，现实主义者可能会承认，喜欢幻想的人比他们更快乐，可要让他们承认，喜欢幻想的人比他们效率更高，他们可不愿意。“跟不喜欢幻想的人相比，喜欢幻想的人更加成功，这在大部分现实主义者看来，是一种相当矛盾、不公、匪夷所思的观点。”但实验表明，实验对象的目标越高，取得的成果就越大，跟雷·布雷德伯里没什么两样。

从很大程度上说，坚韧属于感知的一项功能。研究表明，身陷困境中时，对自己的能力充满自信的人会为了迎接新的挑战，付出更多的努力，而对自己的能力怀有疑问的人，却会很快选择放弃。不过，这些信念是可以改变的，不费吹灰之力就能操纵并改善它们，结果会让人大吃一惊。

有个很有名的例子。在一次肌力比赛中，众多参赛者得到了虚假的评价，即他们遭到了欺骗。为了增强或是减弱大家对自己肌力的信心，裁判告诉弱小的人他很强壮，告诉强壮的人他很弱小。这种错觉发挥的影响相当持久，之后在接受体力测试时，自信心增强的参赛者表现更加出色。**人们只要得到小小的激励乃至虚假的激励，就能坚持到底，甚至有比平时更加出色的表现。**

毫不费力，并让人无法察觉，便是这种通过自我欺骗让人获益的能力真正了不起的一点。司机能轻而易举地切换汽车大灯的远近，同样地，我们也能轻而易举地在现实与虚幻之间来回切换。不过，我们这样做是无意识的，这便是我们跟司机的区别所在。

冰凉的手和健康的心脏

已故的阿莫斯·特沃斯基及其同事乔治·奎特隆，数十年前便借助社会心理学的一个经典实验，证实了这种能力的存在。研究人员招募了38名志愿者，欺骗他们说，这个实验是为了“研究心理和医学方面的运动”。实际上，奎特隆与特沃斯基想要研究的是，为了维护自身利益，人们会多倾向于自我欺骗。

研究人员为此将实验分为两步。第一步，让志愿者们把手乃至手臂都放进冰凉的水里，实在忍不住了才拿出来，对大部分人来说，这可不是什么值得高兴的事。结果表明，在冰凉的水中，大家都坚持不了多长时间，三四十秒过后，大部分人都坚持不住了。为了让大家相信这项研究的对象的确是运动，研究人员随后又安排大家骑了健身自行车，听了一场小型演讲，演讲内容是你的寿命跟你的心脏属于何种类型之间的关联。其中提到，心脏分为两种类型：第一种心脏对应着恶劣的健康状况和较短的寿命，患心脏病的概率比较高；第二种心脏对应着良好的健康状况和较长的寿命，患心脏病的概率比较低。

一半志愿者得知，自己的心脏属于第二种类型（显然是“更好的”），运动过后，更能忍受冰凉的水；余下的那一半志愿者得知，自己的心脏属于第一种类型，对冰凉的水忍受力偏低。所有这些都属于胡扯。研究人员只有一个目的，就是让大家相信把手臂放进冰凉的水里，看能坚持多长时间，以显示一个人的健康程度。在一半志愿者看来，坚持的时间越长，说明自己越健康；在余下的那一半志愿者看来，坚持的时间越长，说明自己越不健康。

志愿者再度把手臂放进了冰凉的水里，至于结果，大家可能已经猜到了。两组志愿者的**行为都被信念影响**。跟上一次实验相比，认为能忍受冰凉的水便证明自己的心脏更健康的人，都坚持了更长时间；持相反观点的人坚持的时间却大大缩短了，忽然觉得冰凉的水简直不堪忍受。

所有事情都很好，只是结果引发了新的问题，即志愿者在骗谁，他们自己还是研究人员？研究人员编造的谎话，真的骗过了他们？这时候就需要进行实验的第二步了，询问志愿者有没有故意延长或缩短在水中坚持的时间。志愿者总共有 38 个人，其中 29 个人表示否定，余下的 9 个人间接肯定了，9 个人中有几个人产生了错觉，水的温度有变。而这不过是一种自我欺骗，借此避免直面自己，并将自己的行为方式变得更合理。

研究人员随后又问大家，认为自己的心脏健康与否。

先前表示否定的29个人中，有六成认为自己的心脏很健康，表示肯定的9个人中这样认为的，却仅占两成。由此可见，这29个人很有可能不是在掩盖自己对他人的欺骗，而是真正的自我欺骗，他们确实认为，实验证实了他们的心脏比较健康。

这项实验的经典之处，部分在于其将人类从全面自我欺骗到部分自我欺骗，也即各种自我欺骗的程度都清晰展现出来了。只要有需要，我们就会心甘情愿欺骗自己，在思想和行动方面，罔顾实际生活中的种种暗示，遵循错误但自己觉得正确的信念。这可能会扭曲我们对生活的看法，可是如此一来，生活就会变得更有价值，在无形之中获益。

比如在研究双胞胎的生活满意度时，研究人员发现，财富的多少跟富足感并无密切关联。财富的多少对人们富足感差异的影响，可能仅为10%。

生活满意度则更加主观。对不同的人来说，年薪5万美元可能意味着非常富有，也可能意味着跟破产差不多。在对美国各个地区的几百对双胞胎的年薪做过分析后，研究人员发现，对金钱的感受才能换来快乐，金钱本身则没有这种功能。

研究人员指出："整体而言，这些数据表明，不是财务本身，而是对待财务的态度，造就了经济环境对生活满意度的重要性。"

即跟金钱本身相比，如何看待金钱才是最重要的。在研究中，一些双胞胎手上的钱少得可怜，可只要在他们看来，这是很多钱，那这些钱在现实中就是很多钱，能带给他们更多快乐。高估你的财物的价值，从其他生活角度看，未必不是好事。到了最后，你将从这种可能是自我欺骗的行为中获益。

现在可以下一个重要结论，即现实主义有其局限性，哪怕其本身也有明显的好处。看清事物“实质”的精准做法，未必能让人获益。某些情况下，特别是在糟糕的情况下，这样做反倒会制造障碍。比如现实主义跟抑郁症的关系就非常密切。最近数十年的研究表明，抑郁症病人做出的评估都很接近现实。不同的研究人员做了一些各不相同的实验，彼此之间有多年的间隔。实验要求抑郁症病人和健康人为掷骰子、在学校的成绩、对光的控制能力等很多事情做预测。跟健康人相比，抑郁症病人总能得出更加准确的结果，没有一个实验是例外。

从另外一个角度看，无法乐观看待、理解这个世界的人，往往逊色于能够乐观看待、理解这个世界的人，哪怕后者对生活积极的态度被证明是错误的或一点依据都没有，这点也不会发生改变。这点已借助多种方式，在多种情况下得到证实。其中最令人信服的实验只牵涉保险业务员这种在现实生活中谋生的人，而不牵涉所谓“参与者”（一般是大学生）。

这项研究的作者马丁·塞利格曼和彼得·舒尔曼将研究重点确定为，保险业务员采用何种方式说明坏事何以会降临到自己头上。这些解释大致包括乐观和悲观这两种风格。粗略说来，悲观之人会觉得自己是问题的起因，这种起因永远不会消失（“我不擅长且绝对不会擅长做这件事”）。乐观之人却往往会把自己控制范围以外的因素，视为自己受挫的原因（“嘿，我没有达到配额，错不在我，错在股市崩溃，业务全线下跌”）[①]。

通过分析这些业务员的解释，研究人员发现，将原因归为自己的人往往在工作中表现糟糕。跟乐观之人相比，他们卖出的保险更少，且更易在困境中做出辞职这种更加糟糕的选择。总之，乐观的保险业务员会表现出更强大的毅力，而在成功的道路上，毅力发挥着关键作用。

除了保险业务员等各种业务员，其余人也拥有相同的特性。之后在解释风格与行为的研究中，塞利格曼与其同事发现，运动员也拥有相同的特性。在一项实验中，他们研究了在比赛中落败后，职业篮球运动员发表的声明。打输了一场比赛后，波士顿凯尔特人队的球员往往把原因归

---

① 说得深入一点，就是悲观之人的解释都是内部、连续且通用的，乐观之人的解释却是外部、变化且具体的。——原注

为“球不愿进入篮筐”等自己控制范围以外的元素。新泽西网队却总是用“大家状态欠佳”等自身原因，来解释球队为什么会输掉比赛。接下来的整个赛季都会受这种态度影响。输掉一场比赛后，波士顿凯尔特人队再获胜的概率高达 69%，比他们预测的成绩要好得多；新泽西网队的这一概率却仅为 38%。

乐观的价值又一次得到了证实。

《纽约时报》专栏作家大卫·布鲁克斯留意到，这类情况同样出现在学校那些孩子身上。数年前，他写了一篇文章，谈到弱势孩子在选择大学预科学校时的最理想目标——知识就是力量项目[①]。然而，数年前的第一次调查显示，其毕业生从大学辍学的占了 75%，其中多为承受压力的能力最薄弱、社交技巧最匮乏的学生，而非学习成绩最糟糕的学生。

布鲁克斯指出：“他们便是悲观主义者。”

---

① 英文名为 KIPP，即 Knowledge is Power Program，美国一种大学预科公立学校，面向全国招生，在全美各地建有多所学校。——译者注

乐观和健康

因此，以乐观的方式看待世界总能使人获益，哪怕这种方式并不完全正确。除了能在工作、比赛、学习中帮助我们，乐观还能在健康方面发挥神奇的作用。研究表明，就算是盲目乐观，也能直接作用于人的健康，使其维系下去，并得到改良。乐观之人的健康状况往往都很理想，血压偏低，免疫力强，即使做了心脏手术，也能很快康复。对弗吉尼亚理工大学的学生所做的一项研究，对比了悲观风格的学生和乐观风格的学生，前者在解释坏事为何会出现时，喜欢用连续且通用的理由；后者却喜欢用变化且具体的理由。研究显示，跟乐观的学生相比，悲观的学生所请的病假时间多了一倍，看医生的频率则高了三倍。

著名的哈佛成人发展研究为自我欺骗会对个人幸福造成影响提供了最佳证据。由于这项研究最开始是由百货业大亨格兰特赞助的，因此也被称为格兰特研究。直到现在，这项研究依然是历史上最全面、持续时间最长的研究之一。研究负责人之一曾自诩："诺克斯堡[①]的钥匙掌控在我手

① 位于美国肯塔基州最大城市路易斯维尔市附近的一座小镇，是美国重要的军事训练基地，以及国库黄金存放处，存放着黄金数千吨，以及大量宝藏。——译者注

中。”只因研究收录的人类数据实在太丰富了。

20 世纪 30 年代，哈佛大学健康科学院的克拉克·希思和阿利·博克发起了这项研究。此后多年间，研究一直由乔治·E.瓦利恩特博士主持。博克自幼生活在爱荷华州，作为一名医生，他坚持一切从实际出发。在他看来，医学研究在健康之人身上花费的时间太少，在病人身上花费的时间太多。他据此提议对一组男性展开研究，研究范围是他们的整个人生，而非其中的一天、一个月，甚至一年。他对这项研究的期待是，“尝试分析出是何种力量打造了那些正常的年轻男子”。[①] 研究挑选的都是身体和心理都很健康的男子，他们都曾在 1942 年、1943 年、1944 年期间，在哈佛大学就读，且成绩优秀。挑选这些研究对象时，研究人员首先根据成绩剔除了 40% 的学生，随后又根据身体和心理健康程度剔除了 30% 的学生。到了最后一步，学院院长会诱惑剩余的学生，将其中最独立、最有修养的学生挑选出来，共计 268 人。在之后的日子里，这些学生有

---

① 博克认为他们很“正常”，但实际可能并非如此。其中有 20 名研究对象，1948 年就出现了严重的精神障碍。等到了 50 岁，达到瓦利恩特确认的精神病标准的研究对象，占了总数的近 1/3。阿利·博克百思不得其解，20 世纪 60 年代，他告诉瓦利恩特：“他们肯定是被精神病专家害成了这样，我把他们挑选出来时，他们明明都很正常。”——原注

的成了大使，有的成了畅销书作家，还有一个当上了总统，他就是约翰·肯尼迪总统。

研究人员在他们还是大学生时，便为他们做了最详细的测试。其中包括最彻底的医学测试，包括重要器官的功能如何，在跑步机上运动五分钟产生的乳酸堆积，以及阴囊的下垂长度等。这些年轻人还接受了罗夏墨迹测试[①]，提交了自己的笔迹样本，并跟心理专家交谈，交谈内容相当广泛。此外，社工还去了这些年轻人家里，为他们编制了生活史，内容十分详细，连他们什么时候开始不再尿床都包含在内。

哈佛大学的研究人员在随后的七十年间，见证了这些人生活的每一步，从他们的生活经历中发现了大量意外之喜，涉及怎样维持长久、快乐的人生。例如，50岁时的胆固醇水平，跟老年的健康状况关系不大。50岁被查出抑郁症的人，在63岁之前去世或深受慢性病折磨的，占了70%以上，这说明抑郁症对健康的伤害非常大。酗酒是寿命缩短的重要原因之一，也是婚姻关系破裂的最大原因，这说明酒的确是大祸害。

① 罗夏墨迹测试是由瑞士精神病学家罗夏创立的一种人格测试方法，在测试者面前依次展现十张经过精心设计的墨迹图，然后向测试者提问，根据其回答判断其人格。——译者注

无意识扭曲

这些人的生活包含两个主题，其一是乐观有利于健康，其二是通过自我欺骗，给不乐观的事情披上乐观的外衣。至少有九本书、一百五十篇论文，都是根据此次研究得出的数据写成的。比如盖尔·希伊 1976 年的畅销书《人生旅程》，瓦利恩特博士 1977 年的《适应人生》，以及年代更接近现在的《经验的胜利：哈佛格兰特研究对象》。瓦利恩特所有的书都以人们会扭曲现实贯穿始终，这种扭曲是无意识的，能产生让我们免遭伤害的保护罩。这种防御属于心理韧性，而非罹患精神病的预兆。就像血凝块能封闭感染，这种防御也能抵挡抑郁和无助带来的威胁。二者运作的方式也是相同的，都是自动进行，当事人毫无意识。瓦利恩特博士列举了这样一个例子：作为哈佛实验对象的这些男人中有些参加了第二次世界大战，根据这些人在 1946 年的说法，他们之中被敌方炮火进攻过的占了 34%，杀死过敌军的占了 25%。可这两个数据却随着时间的流逝，发生了改变。到了 1988 年，第一个数据增加至 40%，第二个数据则减少至 14%。简而言之，在这个过程中，他们的经验被记忆修改得更加乐观了。

由于以乐观的方式看待生活能获得优势，且这种优势能一直延续到中年以后，因此这点相当重要。瓦利恩特博士和另外两位研究人员马丁·塞利格曼和克里斯托弗·彼得森，重新研读了1946年研究对象们对一组问题做出的解答。二战期间，哈佛大学有600多人死亡，损失惨痛。参与格兰特研究的男人也未能幸免，应召入伍的人占了80%以上，其中有5个人死在了战场上。在这些幸存者1946年接受的提问中，有不少涉及他们的战争经历：

你本人经历过何种困境（要说出详细情况），这种困境是源自战争还是军队的上下级关系？

这是你本人的内部交战吗？是否非进行不可？

在这些情况下，你觉得自己表现得多成功或多失败？

这跟你的工作表现或是身体健康有什么关系？

这段时期，你的身体或是精神出现了何种症状？

他们给出的回答很长，也很全面，展现出来的形式多半是个人散文的长篇扩展。然而，他们的答案却随着时间的推移不断缩短。为了解这些实验对象怎样看待这种一般说来相当可怕的经历，瓦利恩特及其同事随机挑选了99份详细的解答，进行评分，从“非常乐观”到“非常悲观”

皆有，范围广阔。

随后，他们又调查了其中每个人的身体健康记录。这些男人会在30岁、35岁、40岁、45岁、50岁、55岁、60岁时，分别接受七次检查。他们的私人医生将为他们进行全面的检查，得出结果后，便送交哈佛研究项目的内科医生。这些内科研究人员在大部分研究对象年满55岁时，开始收集他们的血液、尿液样本，心电图，以及胸部X线片。这样研究对象健康与否，以及从什么时候走向不健康的，就都能看出来了。

在比较了每人的回答和身体健康记录后，瓦利恩特及其同事发现，乐观的确能给人带来好处。总之，跟25岁那年以悲观的方式解读事情的男人相比，当时以乐观的方式解读事情的男人在45岁到60岁期间更加健康。一开始，这种区别并不明显。随着时间的推移，变得越来越明显，最明显的情况出现在中年阶段，也就是40岁到45岁之间。年轻时就很乐观的人，到了这时能继续保持健康，而悲观的人健康状况却会出现明显的下降。这一结果并不会因兼顾个体原先的身体和心理健康的潜在变化——其或许会引发差异——而发生改变。

杰出的女性和杰出的自我欺骗

哈佛这项研究有其价值，也有其局限。研究对象中连一位女士（或是非裔美国人）都没有，便是其最显著的局限性之一。为此，20 世纪 80 年代，瓦利恩特博士会见了一些女士，她们都是斯坦福大学那项有名的特孟研究中的研究对象。开始于 20 世纪 20 年代的特孟研究的对象是，加利福尼亚公立学校中一些智商很高的女孩。[①] 这些女孩的平均智商在 150 以上，其中大部分人都在 16 岁乃至 16 岁之前完成了高中课程，从很多角度看，她们都比哈佛研究中的男人更加出色。即便如此，她们还是表现出了相同的自我欺骗倾向。

其中有位优秀的女士，曾读过医学预科。30 岁那年，她参与了一项职业调查，结果同样表明进入医学领域是她

① 斯坦福大学心理学专家、智商测试先驱刘易斯·M.特孟博士，1921 年从加利福尼亚的学校中找来了 1521 名学生，他们全都在他的新型斯坦福·比奈智商测试中得到了至少 135 分。这些年来，特孟的研究数据为上百篇科学论文，以及几乎一打书提供了参考资料。（戈尔曼，1995 年）——原注

的最佳选择。然而，对女性的歧视和经济大萧条将她的野心打击得荡然无存，到了最后，她做了家庭主妇，这也是那段时期很多女性的共同命运。研究人员在她 78 岁那年问她，她的潜能与成就相差如此悬殊，她对此有什么想法。

她说："我从来不认为自己有什么潜能。"

那她是否想过要做医生?

她说："从没想过。"

性和自我欺骗

在性方面，自我欺骗同样能为我们带来显著优势。这样说好像匪夷所思。无论什么人，都不希望在判断某个人跟自己发生性关系的概率时犯错，否则便可能蒙受巨大的羞耻，甚至出现更恶劣的后果。所以性需要清醒的现实主义态度，但实情好像刚好相反。

在自己的畅销书《但愿在地狱也能买到啤酒》中，风流浪子塔克·麦克斯详细地描绘了自己勾引女人和女人勾引他的过程，很多地方简直太详细了。他在“她不愿被人拒绝”那一章中，写下了这样一番话：“如果在靠近一群女孩之前，我磨蹭了太长时间，那首先对我表示好感的，绝对会是那些女孩之中最丑的一个。至于为什么会这样，我也不清楚。有个女性朋友跟我说，丑女孩之所以觉得我会喜欢她们，是因为我虽然很有魅力，但不算英俊。她还说，我在陌生人眼中显得很容易接近。真是一种甜美的讽刺。”

可能真是一种甜美的讽刺，不过，这种场景却很普遍。终有一日，我们都要像看中塔克·麦克斯的丑女孩那样，选定跟自己发生性关系的人。在这件事上，不管男人还是女人，表现好像都非常糟糕，总是因为误会别人在性方面的意向而身陷困境。比如美国西夫韦连锁超市[①]在20世纪90年代推出了一项政策，名为“优质服务”，要求全体员工务必要看着顾客的眼睛，同时露出微笑。这个要求合情合理，可是顾客，特别是男性顾客时常会误会这种微笑与眼神接触。一位可怜的店员说，每天都会有男性顾客因为误会自己对他们有好感，来骚扰自己。还有一位女店员表示，自己为了躲避一些男性顾客，只能藏在仓库里，这些顾客会对她表白，有的还会一路跟踪她去车库。情况越来越恶化，以致于有12名店员去向国家劳工关系委员会投诉，其中有11名是女性。

近期，科学家为测量我们在评判其他人对自己是否感兴趣时，能达到何种准确的程度，花费了大量精力。最终，他们的结论是，在这件事上，男性的准确程度极低，这个结论西夫韦的店员肯定已经猜到了。更准确的说法是，在评估女性对自己感兴趣的程度时，男性会系统性地做出高估。所有男性，贫穷也好，富有也好，丑陋也好，英俊也好，擅长运动也好，不擅长运动也好，都会高估自己在女性心目中的性感程度。这是真的，另外，不管是素不相识还是“仅仅是朋友”的男女，都是如此。

---

① 北美规模最大的食品与药品零售商之一。——译者注

这种误会跟女性的容貌成正比，即男性倾向于觉得，越是性感的女性越会认为自己也很性感。见面过程中，如果男性很兴奋，发生误会的可能性就更大了。有这样一个实验：一群男士看了一部“浪漫的刺激性欲的电影”后，又看了一些女性脸部照片。拍照之前，这些女性被要求面部表情中“不能有丝毫感情”。结果这些男士看到这些照片后，却不这么觉得。在这些兴奋的男士看来，照片上的女士，尤其是漂亮的女士都跟自己一样兴奋。[①]

而女性呢？相同的实验表明，女性也会系统性地错误评估男性对自己感兴趣的程度，不过往往是低估，跟男性正好相反。有一个实验伪造了一场“速配”聚会，男性与女性轮番碰头，向对方介绍自己，然后迅速跟下一个人碰头。其中正处在大学年龄段的女性，“低估了男性拍档对自己的性欲，且这种状况显而易见”。

---

① 通常说来，极少有证据表明，在评估其余同性的兴奋程度时，男性也会有这种倾向。参考加尔珀兰和哈兹尔顿的作品。——原注

进化优势

很明显，高估我们的智慧、财富、性感，会让我们陷入窘境。然而，这也会让我们更加快乐，更加健康，更加成功。

这一概念可以简单概括为**错误管理理论**。这个称呼最早出现于十多年前，提出者是加利福尼亚大学洛杉矶分校的马蒂·哈兹尔顿教授和得克萨斯大学的大卫·巴斯教授。为解释在性领域人类匪夷所思的表现，特别是男性高估女性对自己感兴趣的程度这一状况，这两位著名的性学专家首创了错误管理理论。该理论的前提条件是，错误并不平等，一些错误要付出比其余错误更高的代价，这一前提非常简单。不管怎么样，跟把一头熊看成一块大石头相比，把一块大石头看成一头熊都好太多了。第二个错误可能会让人不高兴，但第一个错误却可能让人丧命。跟丧命相比，不高兴肯定更好。

不过，这样的错误我们在理想的状况下，是肯定不会犯的，熊和大石头的差异，我们肯定能分辨出来。可是我们生活在现实之中，而非理想之中。很多时候，现实都要求我们在不确定的情况下做出判断。只有在很少的时候，我们才能掌握全部真相。就算是我们掌握的有限真相，往往也是有缺陷的，比如光线不足，视力欠佳，树林中刚传出踩到树枝的声音——我们非常确定。从进化角度看，判断失误要付出的代价最小的人，将成为人类自然选择的宠儿。正如那句老话：“宁求稳妥，以免后悔。”于是，逃避代价很大的错误，选择代价很小的错误，便成了我们管理错误的方法，错误管理理论就是如此。这种倾向或许会让我们在跟异性交往时，犯下大量让自己很窘迫的小错误，比如误会西夫韦超市的员工对我们有意思，可是却能让我们避免一辈子单身的大麻烦。

巴斯、哈兹尔顿等人在之后的日子里，对错误管理理论的应用加以扩展，证实人类除了性以外的很多行为，都能适用该理论。最近，又有研究人员为说明人们长于进行自我欺骗，并频频进行自我欺骗的原因，提出了互补理论。尽管在某些方面，这些理论有所不同，但它们的确拥有相同的主题，即自我欺骗是一种特性，而非进化方面的不足。自我欺骗能在恰如其分的情况下，赐予我们自信、乐观等无形的特性，这些特性又将赐予我们健康、快乐等真实利益。保持这些特性所需的信念，就算只是我们幻想出来的，也能增加我们成功的可能性。

KIDDING OURSELVES:

THE HIDDEN POWER OF SELF-DECEPTION

结论

那么，我们如何概括全书的内容呢？

我不是为了赞美自我欺骗，才写这本书。我并不觉得，从此以后，大家要故意把上当成下，把黑夜当成白天，自我欺骗。**竭尽所能对世界有正确的认识，在大部分情况下，都远比错误的认识更优越。**一般说来，不相信这一点的人通常会出现在停尸房、精神病院、电视新闻中。

有着显著缺陷的自我欺骗是人类的特性，只要能让大家简单了解这点，我的目标就算达成了。很久以前，自我欺骗就已存在了，之所以会这样，是因为自我欺骗能让我们在特殊且重要的情况下继续坚持。自我欺骗这种效果的主要源头是，它能赐予我们控制感这种关键的心理支撑。也许到了最后，这种感觉将被证明仅仅是种幻觉，可是它带给我们的影响却再真实不过。一般说来，拥有高度控制感的人都更快乐，更健康，也更长寿。从这个角度看，进行少许自我欺骗必不可少，其不仅是能带给人好处那么简单。

由此能得出一些能应用到实际中的经验教训。

首先来说知觉。知觉并非一切，而是唯一，文斯·隆巴尔迪这样表示。失去了视觉、听觉、味觉、触觉、嗅觉这所有的知觉，我们就会跟物质世界彻底断绝关系。我们之中很少有人知道，这些知觉有着巨大的弹性。人的指尖感觉十分敏锐，高度仅为四十万分之一英寸的凸出物，相当于一个细菌细胞的直径，指尖都能感受到。可是要愚弄这种灵敏至极的触觉，却非常简单。震动手臂肌腱便能让人产生幻觉，觉得自己的前臂越来越长了，这就是所谓的小木偶幻觉。这时候，当事人用手按住自己的鼻尖，就会产生新的幻觉，自己的鼻子也越来越长了。

人本身跟知觉一样，都会轻易遭到愚弄。大脑频频欺骗我们，特别是在我们相信自己不会遭到欺骗之际。我们无法摆脱小木偶幻觉，哪怕我们觉得自己很客观，很公正，动机纯粹，逻辑合理，也无法改变这一点。我们也许会表现出自己谴责的偏见，自己却毫无察觉，一如斯蒂芬·杰伊·古尔德和塞缪尔·乔治·莫顿的头骨案例。其他人的显著缺陷，我们可能也有，但我们却很少能意识到。我们因此在“看不到就当其不存在”的最大幻觉中生活下去，觉得非常快乐。

这种幻觉在艾米莉·狄金森[1]所谓“视线停留”的情况中，更易出现。观察世界时，我们极少会抛开所有私人感情。在观察的过程中，我们总是怀着某种目的，有些东

① 艾米莉·狄金森（1830—1886），美国著名女诗人。——译者注

西能看到，有些东西看不到，它们也许是马路上骑自行车的人，也许是格蕾丝·凯利的胸垫。我们的期望会在无意间指引这种寻觅，就像阿尔弗雷德·希区柯克那样。**我们倾向于看到自己期望看到的事物，体验自己期望得到的体验，但对于期望带来的影响，我们却未曾留意，就算留意，也少得可怜。**

普林斯顿大学和达特茅斯学院的那场球赛让我们意识到，我们是谁和我们在事件中发挥的作用都能从我们对这件事的看法中展现出来。每个人在事件中发挥的作用都有其特殊性，只是程度不一。个人利益会对我们看待近乎一切事物的方式造成影响，而更准确的说法是批判一切事物。我们判断生存与死亡、贫穷与富有、真实与虚假的标准，都将受个人利益影响。我们看待政治候选人、社会问题、阴谋论的方式，也因此发生了改变。更有甚者，连我们的专业判断都因一己私利受损，比如医生为了赚钱，让病人接受了一系列多余的检查。著名体育作家瑞德·史密斯说过："欣赏一场比赛时，怀有偏见之人看到的只会是自己期望看到的。"

这种倾向在我们以观众的身份，看自己最喜欢的战斗者，即我们本人时，尤为显著。自我欺骗基本都是不准确的。我们认为自己拥有独立的灵魂，但真正拥有的人却少之又少。大部分人都跟群体存在密切关联，并受其影响，跟个体却没有这样的关联。我们很容易被集体歇斯底里影响。

在内心深处，我们都是盲目模仿者，很喜欢模仿别人。集体歇斯底里会像蜂拥而至的人群一样，迅速把我们淹没。我们很容易在这滚雷般的脚步声中，看见或是相信小绿人入侵、阴茎缩短、疯狂释放毒气的人在夜里出没等种种怪事。还有像玛丽莲·梦露等名人自杀后，必然会有很多人模仿。从某种程度上说，对于麦斯默那条绳子的力量，我们都有切身体会。

尽管我们会有这种类似于老鼠的表现，但大部分人私下里还是觉得，在很多事情上，自己比其余人更出色，与众不同。这样自我欺骗可能会给我们带来危险，这点我们已经见识过了。我们就跟热衷于参加性爱派对的意大利前总理西尔维奥·贝卢斯科尼一样，觉得自己与众不同，不必遵从普遍规则，总之就是免疫的。这种免疫感就是权力的标志。一旦我们从工作、财富或其他方面得到权力感，就会像穿上了避弹衣一样。我们沉醉于权力之中，没有任何顾虑，好像真的喝醉了酒，会说一些话，做一些事，让清醒之人震惊不已。不管真实的自我是好是坏，我们都会将其呈现在众人眼前。我们还将抛开一切恐惧心理，这同样跟喝醉了酒没什么两样。我们倾向于低估自己即将面临的真实的风险，因此身陷险境，而这原本完全可以避免。尽管不戴避孕套、不系安全带、在医院不洗手的风险，能够量化且无人不知，但我们还是会这样做。这些做法包含着多大的风险，我们都很清楚，我们只是相信，坏事不会降临到自己头上。

当然，这是一种幻觉。不过，这种幻觉能发挥作用，而且是真正、具体的作用，不是假设、抽象的作用。这点需要记住。谈到幻觉，大家往往倾向于否定它们。有这样一种说法：“幻觉不过是你的想象。”可实际上，幻觉同样存在于我们的身体中。我们曾见识过这样一个实验，通过公开和隐蔽两种方式，向病人提供麻醉剂，前者的过程病人能看到，后者的过程病人看不到。麻醉效果更好的是第一种，也就是病人能看到麻醉剂的那一种。除了静脉，我们也能通过大脑感受到麻醉效果，这种作用是不能否认的。

幻觉可以让我们感觉很糟糕，也可以让我们感觉良好，它有两面性。自我欺骗可以致命，一如已故的罗伯特·阿德尔在用老鼠做实验时得出的结论。在实验中，老鼠的死亡率一直很高，原因在于它们觉得自己喝下了毒药，而非它们真的喝下了毒药。阿德尔只用一些糖精就骗过了它们，抑制了它们的免疫系统。

重要的是要记住，该过程在很大程度上都是无意识的。既然发生在无意识的情况下，就更谈不上故意了。这些老鼠并没有试图自杀，仅仅是针对当前的处境做出了反应。

它们的命运便由这种反应形成，而那时候很少有研究人员相信，它们的命运会是这样的。

人也一样。当坏消息传来时，我们会有什么反应？责怪自己还是他人？更有利于我们的是责怪他人，哪怕错在我们，这样做也是有利的。因为对待失败的方式跟成功存在密切的关联。抑郁症病人总把错误归咎于自己，尤其是自己的永久性特征——他们觉得自己根本改变不了，比如性格缺陷等。他们最终将因此放弃。而成功人士所做的事情跟他们正好相反。不管是成功的保险业务员还是成功的职业棒球运动员等各种成功人士，都会把堵车、太阳光太晃眼、电脑崩溃等自己控制范围以外的临时性原因，视为错误的源头。也许真正的原因并非如此，可是比起真相，成功更加关键。

个人能够接受的现实只有这么多而已。哲学家苏珊娜·K.兰格曾说：“人无力处理混乱。”**我们能生存下来，仰仗的是秩序与可预测性。**当我们健康恶化，事业受挫，婚姻失败，总之就是个人的世界出现混乱时，我们会马上开始想办法建立秩序，找回控制感。如果不能通过找到新工作或者新伴侣等客观方式做到这一点，我们就会从主观上为自己周围的世界做出人为的安排，最终重新建立起一种秩序。我们甚至会为此将某些东西藏在地毯下面，只要有这种必要的话。我们会改变自己的宗教信仰，加入更有权威的教会，或是将自己养的吉娃娃换成杜宾犬。我们还会去买维生素，买那些似是而非的理财建议，它们也许一点作用都发挥不了，可我们购买它们不是因为它们能发挥什么作用，而是因为它们能让我们再度得到控制感。不管这些东西的成本有多高，在大部分人眼中，其能带来的感觉都无法用价格衡量。

最后一点是信念。

真正重要的不是你相信什么。不管你相信什么，都能发挥作用，药、先知、手术刀、注射器，乃至幸运兔的脚等都可以。这点伍迪·艾伦有切身体会，他曾说："算命师、幸运饼干或任何有组织的宗教，它们其实没有任何区别。事实上，它们同样有效或是无效。它们能给我们完全相同的帮助。"

把它们全都归为安慰剂，好像有些夸张，但夸张的程度并不大。安慰剂发挥作用的情况，接连在我们面前上演。不过，你必须相信安慰剂能发挥作用才行。有这样一个实验，拔除智齿时，借助超声波减轻疼痛，只要医生和病人都认为机器开动了，那么不管机器实际有没有开动，病人感受到的止痛效果都是一样的。信念一定要开动才行。很多研究表明，跟没有坚持治疗的病人相比，坚持治疗的病人病情恢复得更理想，哪怕其接受的治疗是假的，这种结果也不会改变。因为坚持是有帮助的，能给人带来好处，而具体坚持的是什么则并不重要，坚持每个礼拜日去教堂，跟坚持每个礼拜一服药是一样的。**信念造就快乐，快乐造就毅力，毅力造就成功。**虽然不是每次都是如此，但在大部分情况下，这点都是成立的。

国际外科医学博物馆门口有一尊雕塑，出自已故雕塑家爱德华·沙桑之手。雕塑是两个男人的形象：一个是直立的，身体强壮，神态隐忍；另一个赤裸上身，跪在前者面前，显得十分虚弱。前者要过来扶他，他稍微仰起头来，看向前者。雕塑的名字是“希望和帮助”，这是对外科手术作用的精辟概括。与此同时，我们也能对自己做相同的事。所以无论老鼠还是人，都能在体内建立安慰剂效应。这种手术是当事人在无意识的情况下，自己帮自己做的，能够给自己带来像沙桑那尊雕塑所展现的好处。唯一的区别在于，这种手术不会留下伤疤。谈论这种好处时，不管我们谈到的是塞利格曼的狗、里克特的老鼠，还是贝特尔海姆的“行尸走肉”，最终都将归结为一点：拒绝放弃和无助、绝望的感受。我们已经了解，这些感受都是抑郁症的前兆，抑郁症是一片沼泽地，要尽可能远远避开。要做到这一点，只需偶尔进行自我欺骗即可，那这种自我欺骗就好像物有所值。